دروس اللغة العربية
لغير الناطقين بها

MADINAH ARABIC READER BOOK 5

ARABIC LANGUAGE COURSE AS TAUGHT AT THE ISLAMIC UNIVERSITY, MADINAH

Dr. V. Abdur Rahim

Goodword
goodwordbooks.com

CONTENTS

Illustrated by Gurmeet
First published 2007
Reprinted 2017
© Goodword Books 2017

Goodword Books
A-21, Sector 4, Noida-201301, India
Tel. +9111-46010170, +9111-45651770, +91-8588822672
email: info@goodwordbooks.com
www.goodwordbooks.com

Goodword Books, Chennai
Mob. +91-9790853944, 9600105558

Goodword Books, Hyderabad
Mob. +91-7032641415, 9448651644

Printed in India

الدَّرْسُ الأوَّلُ

LESSON 1

الطُّلاَّبُ : كَيْفَ حَالُكَ يَا أُسْتَاذَنَا؟

الْمُدَرِّسُ : بِخَيْرٍ. أَحْمَدُ اللَّهَ وأَشْكُرُهُ.. أَنَا مَا أَرَى هَارُونَ. أَلَمْ يَحْضُرْ؟

الطُّلاَّبُ : نَعَمْ، إِنَّهُ لَمْ يَحْضُرِ الْيَوْمَ.

الْمُدَرِّسُ : وَأَيْنَ أَصْدِقَاؤُهُ الثَّلاَثَةُ؟

الطُّلاَّبُ : هُمْ أَيْضًا لَمْ يَحْضُرُوا.

الْمُدَرِّسُ : أَتَعْرِفُونَ أَيْنَ ذَهَبُوا؟

أَحَدُ الطُّلاَّبِ: أَظُنُّ أَنَّهُمْ ذَهَبُوا إِلَى الْمَطَارِ لاِسْتِقْبَالِ رَئِيسِهِمُ الَّذِي يَأْتِي اليَوْمَ إِلَى الْمَدِينَةِ الْمُنَوَّرَةِ لِزِيَارَةِ مَسْجِدِ الرَّسُولِ صَلَّى اللَّهُ عَلَيْهِ وَسَلَّمَ.

الْمُدَرِّسُ : أَكَتَبْتُمُ الْوَاجِبَاتِ يَا أَبْنَائِي؟

الطُّلاَّبُ : نَعَمْ. كَتَبْنَا.

عَلِيٌّ : أَنَا لَمْ أَكْتُبْ.

الْمُدَرِّسُ : لِمَ لَمْ تَكْتُبْ يَا بُنَيَّ؟

عَلِيٌّ : لِأَنَّنِي لَمْ أَفْهَمِ الدَّرْسَ.

الْمُدَرِّسُ : مَا الَّذِي لَمْ تَفْهَمْهُ فِي الدَّرْسِ؟

عَلِيٌّ : لَمْ أَفْهَمِ الفَرْقَ بَيْنَ الْجُمْلَةِ الاسْمِيَّةِ وَالْجُمْلَةِ الفِعْلِيَّةِ.

عَبَّاسٌ : كَثِيرٌ مِنَ الطُّلَّابِ لَمْ يَفْهَمُوا هَذَا.

الْحُسَيْنُ : سَأَلْتُ أَخَوَاتِي اللَّائِي يَدْرُسْنَ فِي الْمَدْرَسَةِ الثَّانَوِيَّةِ عَنْ هَذَا وَلَمْ يَعْرِفْنَ.

الْمُدَرِّسُ : سَأَشْرَحُ لَكُمْ هَذَا الدَّرْسَ مَرَّةً أُخْرَى الآنَ. اسْمَعُوا. الْجُمْلَةُ الاسْمِيَّةُ هِيَ الْجُمْلَةُ الَّتِي أَوَّلُهَا اسْمٌ، نَحْوَ: «السَّيَّارَةُ جَمِيلَةٌ. حَامِدٌ مَرِيضٌ. آمِنَةُ مُجْتَهِدَةٌ» فَكُلُّ جُمْلَةٍ مِنْ هَذِهِ الْجُمَلِ أَوَّلُهَا اسْمٌ. وَهُوَ (الْمُبْتَدَأُ). وَالاسْمُ الثَّانِي هُوَ (الْخَبَرُ). الْمُبْتَدَأُ وَالْخَبَرُ مَرْفُوعَانِ. أَفَهِمْتُمْ؟

الطُّلَّابُ : نَعَمْ، فَهِمْنَاهُ جَيِّدًا.

عَبَّاسٌ : أَنَا لَمَّا أَفْهَمْ ...... قُلْتَ: إِنَّ الْمُبْتَدَأَ وَالْخَبَرَ مَرْفُوعَانِ. فَمَا مَعْنَى الْمَرْفُوعِ؟

الْمُدَرِّسُ : الْمَرْفُوعُ هُوَ الاسْمُ الَّذِي فِي آخِرِهِ ضَمَّةٌ. نَحْوَ: الْمُدَرِّسُ. الْكِتَابُ. الْبَابُ.

عَبَّاسٌ : الآنَ فَهِمْتُ.

الْمُدَرِّسُ : أَمَّا الْجُمْلَةُ الْفِعْلِيَّةُ فَهِيَ الْجُمْلَةُ الَّتِي أَوَّلُهَا فِعْلٌ نَحْوَ: «دَخَلَ الْمُدَرِّسُ. قَالَ الْمُدِيرُ. يَكْتُبُ الطَّالِبُ». فَفِي كُلِّ جُمْلَةٍ مِنْ هَذِهِ الْجُمَلِ كَلِمَتَانِ. الكَلِمَةُ الأُولَى فِعْلٌ وَالْكَلِمَةُ الثَّانِيَةُ اسْمٌ. وَهَذَا الاسْمُ الَّذِي يَأْتِي بَعْدَ الْفِعْلِ اسْمُهُ (الفَاعِلُ). الْفَاعِلُ مَرْفُوعٌ. أَفَهِمْتُمْ؟

الطُّلَّابُ : نَعَمْ، فَهِمْنَا وَالْحَمْدُ لِلَّهِ.

عَلِيٌّ : يَا أُسْتَاذُ، قُلْتَ قَبْلَ يَوْمَيْنِ إِنَّ الْكَلِمَةَ ثَلَاثَةُ أَقْسَامٍ. مَا هِيَ؟ أَنَا نَسِيتُهَا.

الْمُدَرِّس : مَنْ يَعْرِفُ هَذَا؟

هَاشِمٌ : أَنَا. أَقْسَامُ الْكَلِمَةِ: الاِسْمُ والْفِعْلُ وَالْحَرْفُ.

الْمُدَرِّس : هَاتِ مِثَالاً لِكُلِّ وَاحِدٍ مِنْهَا يَا عَمْرُو.

عَمْرٌو : الاِسْمُ نَحْوَ: كِتَابٌ، وَقَلَمٌ، وَطَالِبٌ، وَرَجُلٌ، وَمُدَرِّسٌ. وَالْفِعْلُ نَحْوَ: خَرَجَ، وَسَجَدَ، وَيَجْلِسُ، وَيَغْسِلُ، وَاكْتُبْ، وَاقْرَأْ.

وَالْحَرْفُ نَحْوَ: فِي، وَإِلَى، وَمِنْ، وَنَعَمْ، وَلاَ، وَلَنْ، وَلَمْ، وَالسِّينِ كَمَا فِي «سَآكُلُ».

الْمُدَرِّس : أَحْسَنْتَ يَا عَمْرُو ...... اِسْتَرِيحُوا قَلِيلاً. نَبْدَأُ الدَّرْسَ الْجَدِيدَ فِي الْحِصَّةِ الْقَادِمَةِ.

هَاشِمٌ : أَرَجَعَ الْمُدِيرُ مِنْ مَكَّةَ يَا أُسْتَاذُ؟

الْمُدَرِّس : لَمَّا. سَيَرْجِعُ بَعْدَ يَوْمَيْنِ إِنْ شَاءَ اللهُ.

(بَعْدَ خَمْسِ دَقَائِقَ)

الْمُدَرِّس : أَنَبْدَأُ الدَّرْسَ الْجَدِيدَ؟

الطُّلاَّبُ : مَهْلاً يَا أُسْتَاذُ. لَمَّا نَكْتُبْ مَا كَتَبْتَ عَلَى السَّبُّورَةِ.

تَمَارِين EXERCISES

١ – أَجِبْ عَنِ الأَسْئِلَةِ الآتِيَةِ: Answer the following questions:

(١) أَيْنَ ذَهَبَ هَارُونُ وَأَصْدِقَاؤُهُ؟

(٢) لِمَ لَمْ يَكْتُبْ عَلِيٌّ الوَاجِبَاتِ؟

(٣) مَا الَّذِي لَمْ يَفْهَمْهُ عَلِيٌّ؟

(٤) أَشَرَحَ الْمُدَرِّسُ الدَّرْسَ مَرَّةً أُخْرَى؟

٢- تأمَّلْ ما يَلِي:

Read and remember:

يَذْهَبُ ← لَمْ يَذْهَبْ = ما ذَهَبَ

(١) لَمْ أَذْهَبْ إِلَى السُّوقِ الْيَوْمَ.

(٢) لَمْ نَلْعَبْ كُرَةَ السَّلَّةِ أَمْسِ.

(٣) لَمْ نَفْهَمْ هَذا الدَّرْسَ جَيِّدًا.

(٤) أَرَدْتُ أَنْ أَزُوْرَكَ الْبَارِحَةَ وَلَكِنَّ أَبِي لَمْ يَسْمَحْ لِي بِالْخُرُوجِ لَيْلاً.

(٥) لَمْ آكُلْ شَيْئًا مُنْذُ يَوْمَيْنِ.

(٦) أَلَمْ تَسْمَعْ الأَذَانَ يا هارُونُ؟ بَلَى، سَمِعْتُ.

(٧) لَمْ نَدْرُسِ اللُّغَةَ الْعَرَبِيَّةَ فِي بَلَدِنا.

(٨) لَمْ يَفْتَحِ الْبَقَّالُ دُكَّانَهُ الْيَومَ.

(٩) لَمْ أَشْرَبْ الْقَهْوَةَ بَعْدَ صَلاةِ الْفَجْرِ الْيَوْمَ.

(١٠) غَسَلْتُ الْمَنادِيلَ وَلَمْ أَغْسِلْ الْقُمْصَانَ.

٣- أَجِبْ عَنِ الأَسْئِلَةِ الآتِيَةِ بِالنَّفْيِ مُسْتَعْمِلاً (لَمْ):

Answer the following questions in the negative using لَمْ:

(١) أَدَرَسْتَ اللُّغَةَ الْعَرَبِيَّةَ فِي بَلَدِكَ؟

(٢) أَكَسَرْتَ نَظَّارَةَ الْحَسَنِ يا هارُونُ؟

(٣) أَذَهَبْتُمْ إِلَى الْمُتْحَفِ يا إِخْوانُ؟

(٤) أَدَخَلْتِ الْمَكْتَبَةَ الْجَدِيدَةَ يا سَلْمَى؟

(٥) أسَألَكَ الْمُديرُ عَنِّي؟

(٦) أَفَتحْتَ نَافِذَةَ غُرْفَةِ الْمُديرِ يَا وَلَدُ؟

٤– أَجِبْ عَنِ الأَسْئِلَةِ الآتِيَةِ بِالنَّفْيِ مُسْتَعْمِلاً (لَـمَّا):

Answer the following questions in the negative using لَمَّا:

لَمَّا أَكْتُبْ = لَمْ أَكْتُبْ بَعْدُ

Both mean 'I have not yet written!'

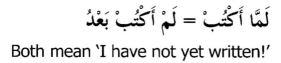

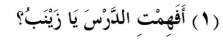

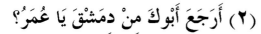

(١) أَفَهِمْتِ الدَّرْسَ يَا زَيْنَبُ؟

(٢) أَرَجَعَ أَبُوكَ مِنْ دِمَشْقَ يَا عُمَرُ؟

(٣) أَدَخَلَ الْمُدَرِّسُ الفَصْلَ؟

(٤) أَكَتَبْتُمْ الوَاجِبَاتِ يَا إِخْوَانُ؟

(٥) أَقَرَأْنَا الدَّرْسَ الرَّابِعَ؟

(٦) أَغَسَلْتِ قُمْصَانِي يَا أُمِّي؟

(٧) أَذَهَبَ زَمِيلُكَ إِلَى السُّوقِ يَا عَلِيُّ؟

يَجُوزُ حَذْفُ مَنْفِيِّ «لَمَّا»، فَيُمْكِنُ الاِكْتِفَاءُ بِـــ «لَـــمَّا» فَقَطْ فِي جَوَابِ «أَرَجَعَ أَبُوكَ»

The verb following لَمَّا may be omitted. So in reply to the question أَرَجَعَ أَبُوكَ؟, one may just say لَمَّا (not yet).

٥- تَأَمَّلْ صِيَغ (الْمُضَارِعِ الْمَجْزُومِ): Notice the إِعْرَابُ of مُضَارِعٌ مَجْزُومٌ:

(أ)

الْمَرْفُوعُ	الْمَجْزُومُ	عَلامَةُ الْجَزْمِ
هُوَ يَذْهَبُ	هُوَ لَمْ يَذْهَبْ	
هِيَ تَذْهَبُ	هِيَ لَمْ تَذْهَبْ	
أَنْتَ تَذْهَبُ	أَنْتَ لَمْ تَذْهَبْ	عَلامَةُ الْجَزْمِ السُّكُونُ
أَنَا أَذْهَبُ	أَنَا لَمْ أَذْهَبْ	
نَحْنُ نَذْهَبُ	نَحْنُ لَمْ نَذْهَبْ	

(ب)

هُمْ يَذْهَبُونَ	هُمْ لَمْ يَذْهَبُوا	
أَنْتُم تَذْهَبُونَ	أَنْتُم لَمْ تَذْهَبُوا	عَلامَةُ الْجَزْمِ حَذْفُ النُّونِ
أَنْتِ تَذْهَبِينَ	أَنْتِ لَمْ تَذْهَبِي	

(ج)

هُنَّ يَذْهَبْنَ	هُنَّ لَمْ يَذْهَبْنَ	مَبْنِيٌّ
أَنْتُنَّ تَذْهَبْنَ	أَنْتُنَّ لَمْ تَذْهَبْنَ	

٦- أَدْخِلْ (لَـــمْ) عَلَى الأَفْعَالِ الآتِيَةِ: Add لَمْ to the following verbs:

أَذْهَبُ – يَذْهَبُونَ – يَذْهَبْنَ – تَذْهَبِينَ – تَذْهَبُ – تَذْهَبُونَ – نَذْهَبُ – تَذْهَبْنَ – يَذْهَبُ.

٧– أَكْمِلِ الْجُمَلَ الآتِيَةَ بِوَضْعِ أَفْعَالٍ مُنَاسِبَةٍ فِي الأَمَاكِنِ الْخَالِيَةِ:

Fill in the blanks with suitable verbs:

(١) أَلَمْ .... اللُّغَةَ العَرَبِيَّةَ فِي بَلَدِكَ يَا أَخِي؟

(٢) مَنْ كَسَرَ هَذِهِ المِرْآةَ يَا عَلِيُّ؟ لاَ أَدْرِي. أَنَا لَمْ .... هَا.

(٣) أَخَرَجَ الطُّلاَّبُ مِنَ الفَصْلِ يَا حَامِدُ؟ لاَ، لَمْ ....

(٤) قَالَتْ الْمُدَرِّسَةُ لِلْمُدِيرَةِ: إِنَّ هَؤُلاَءِ الطَّالِبَاتِ لَمْ .... الوَاجِبَاتِ.

(٥) نَحْنُ لَمْ .... إِلَى حَدِيقَةِ الْحَيَوَانَاتِ أَمْسِ.

(٦) كَنَسَتْ أُخْتِي غُرْفَتَهَا وَلَمْ .... غُرْفَتِي.

(٧) لِمَ لَمْ .... الفَوَاكِهَ يَا سَادَةُ؟

(٨) يَا سَلْمَى، أَلَمْ .... مَعْنَى هَذِهِ الْكَلِمَةِ؟

(٩) رَنَّ الْجَرَسُ الآنَ، وَلَمَّا .... الْمُدَرِّسُونَ مِنَ الفُصُولِ.

(١٠) لِمَ لَمْ .... النَّوَافِذَ يَا بَنَاتُ؟

(١١) لَمْ .... الوَزِيرُ مِنْ لَنْدَنَ.

٨– ضَعْ خَطًّا وَاحِدًا تَحْتَ الْمُبْتَدَأِ وَخَطَّيْنِ تَحْتَ الْخَبَرِ، وَاضْبِطْ أَوَاخِرَهُمَا:

Draw one line under the مُبْتَدَأٌ and two lines under the خَبَرٌ and vocalize both of them:

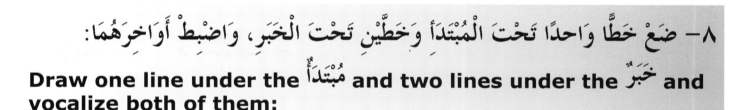

(١) الْماء قَليل. (٢) سُعاد مُمَرِّضة. (٣) القَهْوة بارِدة

(٤) النُّجوم جَميلَة. (٥) الدُّخول مَمْنوع. (٦) الباب مُغْلَق.

(٧) هاشِم ذَكِيّ.

٩ - مَيِّزِ الْجُمْلَةَ الاسْمِيَّةَ مِنَ الْجُمْلَةِ الْفِعْلِيَّةِ:

Seperate the جُمْلَةٌ فِعْلِيَّةٌ from the جُمْلَةٌ اسْمِيَّةٌ:

(١) خَرَجَ الْمُدَرِّسُ.   (٢) الْمُدَرِّسُ خَرَجَ.   (٣) ضَحِكَ الْوَلَدُ.

(٤) الزَّهْرَةُ جَمِيلَةٌ.   (٥) دَخَلَ الطَّالِبُ.   (٦) اللهُ أَكْبَرُ.

١٠ - عَيِّنِ الاسْمَ وَالْفِعْلَ وَالْحَرْفَ فِيمَا يَلِي:

Point out the اسْمٌ and فِعْلٌ، حَرْفٌ in the following sentences:

(١) خَرَجَ الْمُدَرِّسُ وَالطُّلاَّبُ مِنَ الْفَصْلِ.

(٢) سَأَذْهَبُ إِلَى الْمَلْعَبِ بَعْدَ الدَّرْسِ.

(٣) أَفَهِمْتَ الدَّرْسَ يَا عَلِيُّ؟   نَعَمْ، فَهِمْتُ.

(٤) لاَ تَكْتُبْ بِالْقَلَمِ الأَحْمَرِ.

(٥) لَمْ أَغْسِلِ الْمَنَادِيلَ بِالصَّابُونِ.

(٦) لَنْ أَذْهَبَ إِلَى بَلَدِي فِي عُطْلَةِ الصَّيْفِ.

(٧) هُوَ يَبْحَثُ عَنِ الْمِفْتَاحِ.

(٨) مَا عِنْدِي قَلَمٌ وَلاَ كِتَابٌ.

(٩) أَنَا طَالِبٌ.

١١ - اللاَّئِي = اللاَّتِي:

You have already learnt the use of اللاَّتِي. Note that اللاَّئِي is the same as اللاَّتِي:

الطَّالِبَاتُ اللاَّتِي (اللاَّئِي) خَرَجْنَ مِنَ الْفَصْلِ الآنَ مِنَ الْفِلِبِّينِ.

10

١٢ – تَأَمَّلْ ما يَلِي: Examine the following:

حامِدٌ قالَ	أَنْتَ قُلْتَ	أَنا قُلْتُ	نَحْنُ قُلْنا
حامِدٌ قامَ	أَنْتَ قُمْتَ	أَنا قُمْتُ	نَحْنُ قُمْنا
حامِدٌ زارَ	أَنْتَ	أَنا	نَحْنُ ....

الكَلِماتُ الْجَدِيدَةُ: New words:

اِسْتِقْبالٌ	رَئِيسٌ (ج رُؤَساءُ)	فَرْقٌ (ج فُرُوقٌ)
مِثالٌ (ج أَمْثِلَةٌ)	مَهْلاً	قِسْمٌ (ج أَقْسامٌ)
الضَّمَّةُ (ـُ)	الفَتْحَةُ (ـَ)	الكَسْرَةُ (ـِ)
حَضَرَ (يَحْضُرُ)	اِسْتَرِحْ (ج اِسْتَرِيحُوا)	أَتَى (يَأْتِي)

POINTS TO REMEMBER

In this lesson, we learn the following:

1) The use of لَمْ: It is a negative particle. It is used with the *mudâri'*. It brings about two changes:

a) it turns the *mudâri'* into *mâdi* in meaning, and

b) changes the *mudâri'* from *marfû'* to *majzûm*, e.g.:

يَذْهَبُ 'He **goes**.' → لَمْ يَذْهَبْ 'he **did not go.'**

The endings of *mudârî majzûm:*

a) The *dammah* of the third radical is omitted in the four forms:

يَذْهَبُ → لَمْ يَذْهَبْ ya-dhhab-**u** → lam ya-dhhab

تَذْهَبُ → لَمْ تَذْهَبْ ta-dhhab-**u** → lam ta-dhhab

أَذْهَبُ → لَمْ أَذْهَبْ a-dhhab-**u** → lam a-dhhab

نَذْهَبُ → لَمْ نَذْهَبْ na-dhhab-**u** → lam na-dhhab

b) As in the *mudâri' mansûb*, the *nûn* is omitted from the following forms in the *mudâri' majzûm* also:

تَذْهَبِينَ → لَمْ تَذْهَبِي ta-dhhab-**îna** → lam ta-dhhab-**î**

تَذْهَبُونَ → لَمْ تَذْهَبُوا ta-dhhab-**ûna** → lam ta-dhhab-**û**

يَذْهَبُونَ → لَمْ يَذْهَبُوا ya-dhhab-**ûna** → lam ya-dhhab-**û**

c) The two forms يَذْهَبْنَ and تَذْهَبْنَ remain unchanged:

يَذْهَبْنَ → لَمْ يَذْهَبْنَ lam ya-dhhab-**na**

تَذْهَبْنَ → لَمْ تَذْهَبْنَ lam ta-dhhab-**na**

Here are some examples of لَمْ:

لَمْ أَفْهَمْ هَذَا الدَّرْسَ. 'I did not understand this lesson.'

أَحْضَرَ الطُّلَّابُ الْجُدُدُ؟ 'Did the new students attend?'

لَا، لَمْ يَحْضُرُوا. 'No, they did not attend.'

الطَّالِبَاتُ لَمْ يَذْهَبْنَ إِلَى الْمَكْتَبَةِ. 'The female students did not go to the library.'

If نَذْهَبْ، أَذْهَبْ، تَـذْهَبْ، يَـذْهَبْ are followed by *hamzat al-wasl*, the last letter takes a *kasrah* to avoid الْتِقَاءُ السَّاكِنَيْنِ , e.g.:

أَلَمْ تَكْتُبِ الرِّسَالَةَ؟ 'Did you not write the letter?' (a lam taktub-**i**-rrisâlah?)

لَمْ تَحْفَظِ الطَّالِبَةُ الْقُرْآنَ. 'The female student did not memorise the Qur'ân.'

2) لَمَّا: It is also a negative particle, and is used with the *mudâri'*. It acts exactly like لَمْ. It means 'not yet', e.g.:

لَمَّا أَشْرَبْ الْقَهْوَةَ. 'I have not yet taken coffee.'

وَلَمَّا يَدْخُلِ الْإِيمَانُ فِي قُلُوبِكُمْ. 'Faith has not yet entered into your hearts.' (The Qur'an 49:14)

ذَهَبَ أَبِي إِلَى مَكَّةَ، وَلَمَّا يَرْجِـعْ. 'My father went to Makkah, and has not yet returned.'

After لَمَّا the verbs can be omitted, e.g.:

أَخَرَجَ الطُّلَّابُ؟ 'Have the students gone out?'

لَمَّا 'Not yet', i.e. لَمَّا يَخْرُجُوا 'They have not yet gone out.'

3) Parts of speech: in Arabic there are only three parts of speech:

a) nouns (الاسْمُ), like: كِتَابٌ، قَلَمٌ، هُوَ، أَنَا، هَذَا، قَبْلَ

b) verbs (الفِعْلُ), like: كَتَبَ، يَكْتُبُ، اُكْتُبْ، لَيْسَ

c) particles (الْحَرْفُ), like: مَا، لَا، نَعَمْ، لَمْ، سَ

4) Nominal and verbal sentences (الْجُمْلَةُ الاسْمِيَّةُ وَالْجُمْلَةُ الْفِعْلِيَّةُ): This has been explained in Book 3.

5) مَهْلًا means 'slowly please, don't hurry.'

6) مَا عِنْدِي قَلَمٌ وَلَا كِتَابٌ 'I have neither pen nor book.'

Here are some more examples:

مَا فِي الثَّلاَّجَةِ مَاءٌ وَلاَ عَصِيرٌ. 'There is neither water nor juice in the fridge.'

مَا فِي جَيْبِي رِيالٌ وَلاَ قِرْشٌ. 'There is neither riyal nor qirsh in my pocket.'

VOCABULARY

اِسْتِقْبَالٌ	reception	اِسْتَرِحْ	take rest!
رَئِيسٌ	president	أَتَى يَأْتِي	(a-i) to come
فَرْقٌ	difference	اللاَّتِي = اللاَّئِي	
مِثَالٌ	example	مَمْنُوعٌ	forbidden
مَهْلاً	slowly, please don't hurry	حَضَرَ يَحْضُرُ	(a-u) to attend

الدَّرْسُ الثَّانِي

LESSON 2

حَالاَتُ الْمُضَارِعِ الثَّلاَثُ

الْمُضَارِعُ الْمَرْفُوعُ	الْمُضَارِعُ الْمَنْصُوبُ	الْمُضَارِعُ الْمَجْزُومُ
حَامِدٌ يَذْهَبُ	لَنْ يَذْهَبَ	لَمْ يَذْهَبْ
الطُّلاَّبُ يَذْهَبُونَ	لَنْ يَذْهَبُوا	لَمْ يَذْهَبُوا
آمِنَةُ تَذْهَبُ	لَنْ تَذْهَبَ	لَمْ تَذْهَبْ
الطَّالِبَاتُ يَذْهَبْنَ	لَنْ يَذْهَبْنَ	لَمْ يَذْهَبْنَ
أَنْتَ تَذْهَبُ	لَنْ تَذْهَبَ	لَمْ تَذْهَبْ
أَنْتُمْ تَذْهَبُونَ	لَنْ تَذْهَبُوا	لَمْ تَذْهَبُوا
أَنْتِ تَذْهَبِينَ	لَنْ تَذْهَبِي	لَمْ تَذْهَبِي
أَنْتُنَّ تَذْهَبْنَ	لَنْ تَذْهَبْنَ	لَمْ تَذْهَبْنَ
أَنَا أَذْهَبُ	لَنْ أَذْهَبَ	لَمْ أَذْهَبْ
نَحْنُ نَذْهَبُ	لَنْ نَذْهَبَ	لَمْ نَذْهَبْ

This is a revision lesson. It gives a complete picture of the three moods of the *muḏâri'*: the *marfû'*, the *manṣûb* and the *majzûm*.

الدَّرْسُ الثَّالِثُ

LESSON 3

جَعْفَرٌ : أَيْنَ الْمُدَرِّسُونَ؟ لاَ دَخَلُوا الفُصُولَ وَلاَ هُمْ فِي غُرْفَةِ الْمُدَرِّسِينَ.

عَدْنَانُ : أَظُنُّ أَنَّهُمْ فِي اجْتِمَاعٍ ...... أَرَأَيْتَ الْمُدَرِّسِينَ الْجُدُدَ؟

جَعْفَرٌ : أَجَاءَ مُدَرِّسُونَ جُدُدٌ؟

عَدْنَانُ : نَعَمْ. جَاءَ خَمْسَةُ مُدَرِّسِينَ جُدُدٍ. رَأَيْتُ أَحَدَهُمْ فِي الْمَكْتَبَةِ قَبْلَ قَلِيلٍ اِسْمُهُ الْحُسَيْنُ بْنُ الْحَسَنِ.

(يَدْخُلُ أَحَدُ الْمُدَرِّسِينَ الْجُدُد)

الْمُدَرِّسُ: السَّلاَمُ عَلَيْكُمْ وَرَحْمَةُ اللهِ وَبَرَكَاتُهُ.

الطُّلاَّبُ: وَعَلَيْكُمُ السَّلاَمُ وَرَحْمَةُ اللهِ وَبَرَكَاتُهُ. أَهْلاً وَسَهْلاً وَمَرْحَبًا يَا أُسْتَاذُ.

الْمُدَرِّسُ: أَشْكُرُكُمْ يَا إِخْوَانُ ...... كَمْ طَالِباً فِي فَصْلِكُمْ هَذَا؟

عُمَرُ : فِيهِ أَرْبَعُونَ طَالِباً.

الْمُدَرِّسُ: وَلَكِنَّنِي أَرَى خَمْسَةً وَثَلاَثِينَ طَالِباً فَقَطْ. فَأَيْنَ الآخَرُونَ؟

عُمَرُ : هُمْ غَائِبُونَ الْيَوْمَ.

الْمُدَرِّسُ: أَيَّ كِتَابٍ تَقْرَأُونَ؟

عَدْنَانُ : نَقْرَأُ هَذَا الْكِتَابَ. اسْمُهُ (قِصَصُ النَّبِيِّينَ)

الْمُدَرِّسُ: لِمَنْ هُوَ؟

عَدْنَانُ : هُوَ لِفَضِيلَةِ الشَّيْخِ أَبِي الْحَسَنِ النَّدْوِيِّ.

الْمُدَرِّسُ: كَمْ صَفْحَةً قَرَأْتُمْ فِيهِ؟

جَعْفَرٌ : قَرَأْنَا ثَلَاثًا وَخَمْسِينَ صَفْحَةً.

عَدْنَانُ : الْكِتَابُ فِيهِ تِسْعُونَ صَفْحَةً. قَرَأْنَا مِنْهَا ثَلَاثًا وَخَمْسِينَ صَفْحَةً فَبَقِيَ سَبْعٌ وَثَلَاثُونَ صَفْحَةً.

هَارُونُ : مَا أَجْمَلَ حَقِيبَتَكَ يَا أُسْتَاذُ! بِكَمِ اشْتَرَيْتَهَا؟

الْمُدَرِّسُ: اشْتَرَيْتُهَا بِثَمَانِينَ رِيَالاً.

هَاشِمٌ : أَنَا اشْتَرَيْتُ مِثْلَهَا بِسَبْعِينَ رِيَالاً.

عَمْرُو : أَنَا اشْتَرَيْتُ حَقِيبَةً أَصْغَرَ مِنْهَا بِسِتِّينَ رِيَالاً.

EXERCISES	تَمَارِينُ

Answer the following questions: ١- أَجِبْ عَنِ الْأَسْئِلَةِ الْآتِيَةِ:

(١) كَمْ مُدَرِّسًا جَدِيدًا جَاءَ؟

(٢) كَمْ طَالِبًا وَجَدَ الْمُدَرِّسُ فِي الْفَصْلِ؟

(٣) لِمَنِ الْكِتَابُ (قِصَصُ النَّبِيِّينَ)؟

(٤) كَمْ صَفْحَةً فِيهِ؟

(٥) كَمْ صَفْحَةً قَرَأَ الطُّلَّابُ؟

(٦) بِكَمِ اشْتَرَى الْمُدَرِّسُ الْحَقِيبَةَ؟

17

٢- اِقْرَأْ الأَمْثِلَةَ الآتِيَةَ لِـــ (جَمْعِ الْمُذَكَّرِ السَّالِمِ):

Read carefully these examples of the جَمْعُ الْمُذَكَّرِ السَّالِمُ:

(١) الْمُدَرِّسُونَ فِي الْفُصُولِ.

(٢) أَيْنَ الْمُهَنْدِسُونَ؟

(٣) هَؤُلاَءِ طُلاَّبٌ مُجْتَهِدُونَ.

(٤) أَيْنَ أَحْمَدُ وَعَبَّاسٌ وَيَاسِرٌ؟ هُمْ غَائِبُونَ مُنْذُ أُسْبُوعَيْنِ.

(٥) يَعْبُدُ الْمُسْلِمُونَ اللَّهَ.

(٦) هَؤُلاَءِ الطُّلاَّبُ هُنُودٌ، وَأُولَئِكَ بَاكِسْتَانِيُّونَ.

٣- اِجْمَعْ الأَسْمَاءَ الآتِيَةَ جَمْعَ مُذَكَّرٍ سَالِمًا:

Write the sound masculine plural of the following words:

مُدَرِّسٌ – مُهَنْدِسٌ – مُسْلِمٌ – كَافِرٌ – غَائِبٌ – مُجْتَهِدٌ – مُؤْمِنٌ – صَالِحٌ.

٤- اِقْرَأْ مَا يَلِي:

Read and remember:

٢٠ عِشْرُونَ طَالِباً / طَالِبَةً.

٣٠ ثَلاثُونَ طَالِباً / طَالِبَةً.

٤٠ أَرْبَعُونَ طَالِباً / طَالِبَةً.

٥٠ خَمْسُونَ طَالِباً / طَالِبَةً.

٦٠ سِتُّونَ طَالِباً / طَالِبَةً.

٧٠ سَبْعُونَ طَالِباً / طَالِبَةً.

٨٠ ثَمَانُونَ طَالِباً / طَالِبَةً.

٩٠ تِسْعُونَ طَالِباً / طَالِبَةً.

هَذِهِ عُقُودٌ.

Examine the following: ٥– تَأَمَّلْ مَا يَلِي:

الْمَجْرُورُ	الْمَنْصُوبُ	الْمَرْفُوعُ
قُلْتُ لِلْمُدَرِّسِ (–ِ)	سَأَلْتُ الْمُدَرِّسَ (–َ)	دَخَلَ الْمُدَرِّسُ (–ُ)
قُلْتُ لِلْمُدَرِّسِينَ (ي)	سَأَلْتُ الْمُدَرِّسِينَ (ي)	دَخَلَ الْمُدَرِّسُونَ (و)
قُلْتُ لِعِشْرِينَ طَالِباً.	سَأَلْتُ عِشْرِينَ طَالِباً.	دَخَلَ عِشْرُونَ طَالِباً.

٦– أَكْمِلِ الْجُمَلَ الآتِيَةَ بِوَضْعِ الْكَلِمَاتِ الَّتِي بَيْنَ قَوْسَيْنِ فِي الأَمَاكِنِ الْخَالِيَةِ:

Fill in the blanks with the words in the brackets after necessary changes:

مِثَالٌ: سَأَلْتُ الْمُدَرِّسِينَ (الْمُدَرِّسُونَ).

(١) يُحِبُّ الْمُدَرِّسُ الطُّلَّابَ .... (الْمُجْتَهِدُونَ)

(٢) رَأَيْتَ .... طَالِبًا. (ثَلَاثُونَ)

(٣) يُحِبُّ اللهُ .... (الْمُسْلِمُونَ)

(٤) قَرَأْتُ .... صَفْحَةً. (خَمْسُونَ)

(٥) سَأَلْتُ .... (الْمُهَنْدِسُونَ)

٧– تَأَمَّلِ الْمِثَالَ، ثُمَّ أَضِفِ الْكَلِمَاتِ الآتِيَةَ إِلَى الْكَلِمَاتِ الَّتِي بَيْنَ قَوْسَيْنِ:

Fill in the blanks with the words in the brackets as shown in the example:

أَبْنَاءُ الْمُدَرِّسِ

أَبْنَاءُ الْمُدَرِّسِينَ.

(١) بُيُوتٌ .... (الْمُهَنْدِسُونَ)

(٢) سَيَّارَاتٌ .... (الْمُدَرِّسُونَ)

(٣) أَمِيرٌ .... (الْمُؤْمِنُونَ)

(٤) إمَامٌ .... (الْمُسْلِمُونَ)

(٥) دَكَاكِينُ............. (البَقَّالُونَ)

(٦) دِيْنٌ .... (الكَافِرُونَ)

٨- تَأَمَّلْ الْمِثَال، ثُمَّ أَكْمِلْ الْجُمَلَ الآتِيَةَ بِوَضْعِ الْكَلِمَاتِ الَّتِي بَيْنَ قَوْسَيْنِ فِي الْفَرَاغَات:

Fill in the blanks with the words given in brackets after necessary changes:

قُلْتُ لِلْمُدَرِّسِ.

قُلْتُ لِلْمُدَرِّسِينَ.

(١) أَبْحَثُ عَنْ .... (الْمُدَرِّسُونَ)

(٢) اِشْتَرَيْتُ هَذَا الكِتَابَ بِـــ .... رِيَالاً. (خَمْسُونَ)

(٣) قُلْتُ لِـــ .... (الْمُهَنْدِسُونَ)

(٤) سَمِعْتُ هَذَا الْخَبَرَ مِنْ .... (الْمُدَرِّسُونَ)

(٥) هَذِهِ الْجَائِزَةُ لِلطُّلاَّبِ .... (الْمُجْتَهِدُونَ)

٩- اِقْرَأْ مَا يَلِي، ثُمَّ اكْتُبْهُ مَعَ كِتَابَةِ الأَرْقَامِ الْوَارِدَةِ فِيهِ بِالْحُرُوف:

Read the following sentences, and then write them replacing the figures with words:

(١) عِنْدِي ٥٠ رِيَالاً.

(٢) رَأَيْتُ ٥٠ طَالِباً فِي القَاعَةِ.

(٣) اشْتَرَيْتُ هَذَا الْمُعْجَمَ بِـــ ٥٠ دُولاَراً.

(٤) قَرَأْتُ ٦٠ صَفْحَةً.

(٥) فِي هَذِهِ الْمَجَلَّةِ ٤٠ صَفْحَةً.

(٦) فِي الشَّهْرِ ٢٩ أَوْ ٣٠ يَوْماً، وَفِي الْيَوْمِ ٢٤ سَاعَةً وَفِي السَّاعَةِ ٦٠ دَقِيقَةً وَفِي الدَّقِيقَةِ ٦٠ ثَانِيَةً.

(٧) هَاتِ ٢٠ بُرْتُقَالَةً.

(٨) نَجَحَ ٩٠ طَالِباً وَرَسَبَ ٤٠ طَالِباً.

(٩) فِي هَذِهِ الْقَرْيَةِ ٧٠ أُسْرَةً.

(١٠) سِنِّي ٣٠ سَنَةً.

١٠– اِقْرَأْ مَا يَلِي:

Read and remember:

٢١ إِحْدَى وَعِشْرُونَ طَالِبَةً.

٢٢ اثْنَتَانِ وَعِشْرُونَ طَالِبَةً.

٢٣ ثَلاثٌ وَعِشْرُونَ طَالِبَةً.

٢٤ أَرْبَعٌ وَعِشْرُونَ طَالِبَةً.

٢٥ خَمْسٌ وَعِشْرُونَ طَالِبَةً.

٢٦ سِتٌّ وَعِشْرُونَ طَالِبَةً.

٢٧ سَبْعٌ وَعِشْرُونَ طَالِبَةً.

٢٨ ثَمَانِ وَعِشْرُونَ طَالِبَةً.

٢٩ تِسْعٌ وَعِشْرُونَ طَالِبَةً.

٣٠ ثَلاثُونَ طَالِبَةً.

١١– اِقْرَأْ مَا يَلِي، ثُمَّ اكْتُبْهُ مَعَ كِتَابَةِ الأَرْقَامِ الْوَارِدَةِ بِالْحُرُوفِ:

Read the following sentences, and then write them replacing the figures with words:

(١) فِيْ هَذَا الْفَصْلِ ٣١ طَالِبَةً.

(٢) فِي الْيَوْمِ ٢٤ سَاعَةً.

(٣) عِنْدِي ٣٣ رُوبِيَّةً وَ٤٥ رِيَالاً.

(٤) رَأَيْتُهُ قَبْلَ ٢٢ سَنَةً.

(٥) حَفِظْتُ ٦٦ سُورَةً.

(٦) فِي سُورَةِ الرَّحْمَنِ ٧٨ آيَةً.

(٧) قَرَأْتُ ٩٩صَفْحَةً.

Examine the following: ١٢– تأمَّلْ ما يلي:

(١) لاَ أَكَلْتُ وَلاَ شَرِبْتُ.

(٢) ذلِكَ الطَّالِبُ لاَ حَفِظَ الدَّرْسَ وَلاَ كَتَبَ الْوَاجِبَ.

(٣) لاَ ضَرَبَنِي وَلاَ ضَرَبْتُهُ.

(٤) لاَ رَآنِي وَلاَ رَأَيْتُهُ.

إِذَا دَخَلَتْ «لاَ» عَلَى الْفِعْلِ الْمَاضِي وَجَبَ تَكْرَارُهَا.

The negative particle لاَ is repeated when used with the *mâdi*.

New words: الكَلِمَاتُ الْجَدِيدَةُ:

اجْتِماعٌ	قِصَّةٌ (ج قِصَصٌ)	نَبِيٌّ (ج نَبِيُّونَ/أَنْبِيَاءُ)
ثَانِيَةٌ (ج ثَوَانٍ)	أُسْرَةٌ (ج أُسَرٌ)	جَائِزَةٌ (ج جَوَائِزُ)
نَجَحَ (يَنْجَحُ)	رَسَبَ (يَرْسُبُ)	قَاعَةٌ (ج قَاعَاتٌ)

POINTS TO REMEMBER

In this lesson, we learn the following:

1) The *i'râb* (declension) of the sound masculine plural. We have learnt the sound masculine plural in Book 2, e.g.: مُسْلِمُونَ، مُهَنْدِسُونَ، مُدَرِّسُونَ، فَلاَّحُونَ.

When it is *marfû'* it has -**ûna** ending, and when it is *mansûb* or *majrûr* it has -**îna** ending, e.g.:

marfû: خَرَجَ الْمُدَرِّسُونَ 'The teachers went out.' (al-mudarris-**ûna**)

mansûb: رَأَيْتُ الْمُدَرِّسِينَ 'I saw the teachers.' (al-mudarris-**îna**)

majrûr: ذَهَبْتُ إِلَى الْمُدَرِّسِينَ 'I went to the teachers.' (al-mudarris-**îna**)

Note that the sound masculine plural has the same ending for the *mansûb* and *majrûr*.

Here are some more examples:

ذَهَبَ الْمُهَنْدِسُونَ إلى مَكَاتِبِهِمْ. 'The engineers went to their offices.'

رَأَيْتُ الفَلاَّحِينَ فِي الْحُقُولِ. 'I saw the farmers in the fields.'

هَذِهِ بُيُوتُ الْمُدَرِّسِينَ. 'These are the houses of the teachers.'

2) The numbers عِشْرُونَ ... تِسْعُونَ: These numbers are called the *'uqûd* (العُقُود).

They have the form of the sound masculine plural, and so their *i'râb* is like that of the sound masculine plural, e.g.:

marfû': فِي الفَصْلِ عِشْرُونَ طَالِباً 'There are 20 students in the class.'

mansûb: قَرَأْتُ عِشْرِينَ كِتَاباً 'I read 20 books.'

majrûr: اشْتَرَيْتُهُ بِعِشْرِينَ رِيَالاً 'I bought it for 20 riyals.'

3) We have learnt the numbers 21-30 with the masculine *ma'dûd*. Now we learn the same numbers with the feminine *ma'dûd:*

Note the following:

a) 21: the first part of the number with the masculine *ma'dûd* is وَاحِدٌ and with the feminine إِحْدَى:

$$\text{وَاحِدٌ وَعِشْرُونَ طَالِباً/ إِحْدَى وَعِشْرُونَ طَالِبَةً}$$

b) 22: the first part of the number with the masculine *ma'dûd* is اثْنَـــانِ and with the feminine اثْنَتَانِ:

$$\text{اثْنَانِ وَعِشْرُونَ طَالِباً/ اثْنَتَانِ وَعِشْرُونَ طَالِبَةً}$$

c) 23-29: the first part of these numbers with the masculine *ma'dûd* is feminine, and with the feminine is masculine:

$$\text{ثَلاثَةٌ وَعِشْرُونَ طَالِباً/ ثَلاثٌ وَعِشْرُونَ طَالِبَةً}$$

d) The '*uqûd* have the same form with the masculine as well as the feminine *ma'dûd*.

4) Note this:

$$\text{لاَ أَكَلْتُ وَلا شَرِبْتُ}$$ 'I neither ate nor drank.'

$$\text{لاَ قَرَأَ وَلاَ كَتَبَ}$$ 'He neither read not wrote.'

To convey the idea of 'neither … nor', the negative particle لا is used with the *mâḍî* instead of مَا.

5) Note: الْمُوَطَّأ لِلإِمَام مَالِك Al-Muwaṭṭa' by Imâm Mâlik

لِسَانُ العَرَب لابْنِ مَنْظُورٍ Lisân al-Arab by ibn Manẓûr.

In such examples لِـــ is used to refer to the author of the book and is translated by the word 'by'.

VOCABULARY

اجْتِمَاعٌ	meeting	قَاعَةٌ	hall
قِصَّةٌ	story	نَجَحَ يَنْجَحُ	(a-a) to pass an examination
نَبِيٌّ	prophet	رَسَبَ يَرْسُبُ	(a-u) to fail an examination
ثَانِيَةٌ	second (unit of time)	جَائِزَةٌ	prize
أُسْرَةٌ	family		

24

الدَّرْسُ الرابِعُ

LESSON 4

العَـــــدَدُ

(١) طَالِبٌ وَاحِدٌ — طَالِبَةٌ وَاحِدَةٌ — (٢) طَالِبَانِ اثْنَانِ — طَالِبَتَانِ اثْنَتَانِ

☆☆☆

(٣) ثَلاثَةُ طُلاَّبٍ — ثَلاثُ طَالِبَاتٍ — (٤) أَرْبَعَةُ طُلاَّبٍ — أَرْبَعُ طَالِبَاتٍ

(٥) خَمْسَةُ طُلاَّبٍ — خَمْسُ طَالِبَاتٍ — (٦) سِتَّةُ طُلاَّبٍ — سِتُّ طَالِبَاتٍ

(٧) سَبْعَةُ طُلاَّبٍ — سَبْعُ طَالِبَاتٍ — (٨) ثَمَانِيَةُ طُلاَّبٍ — ثَمَانِي طَالِبَاتٍ

(٩) تِسْعَةُ طُلاَّبٍ — تِسْعُ طَالِبَاتٍ — (١٠) عَشَرَةُ طُلاَّبٍ — عَشْرُ طَالِبَاتٍ

☆☆☆

(١١) أَحَدَ عَشَرَ طَالِباً — إِحْدَى عَشْرَةَ طَالِبَةً — (١٢) اثْنَا عَشَرَ طَالِباً — اثْنَتَا عَشْرَةَ طَالِبَةً

☆☆☆

(١٣) ثَلاثَةَ عَشَرَ طَالِباً — ثَلاثَ عَشْرَةَ طَالِبَةً — (١٤) أَرْبَعَةَ عَشَرَ طَالِباً — أَرْبَعَ عَشْرَةَ طَالِبَةً

(١٥) خَمْسَةَ عَشَرَ طَالِباً — خَمْسَ عَشْرَةَ طَالِبَةً — (١٦) سِتَّةَ عَشَرَ طَالِباً — سِتَّ عَشْرَةَ طَالِبَةً

(١٧) سَبْعَةَ عَشَرَ طَالِباً — سَبْعَ عَشْرَةَ طَالِبَةً — (١٨) ثَمَانِيَةَ عَشَرَ طَالِباً — ثَمَانِيَ عَشْرَةَ طَالِبَةً

(١٩) تِسْعَةَ عَشَرَ طَالِباً — تِسْعَ عَشْرَةَ طَالِبَةً

☆☆☆

(٢٠) عِشْرُونَ طَالباً	عِشْرُونَ طَالبَةً
(٢١) وَاحِدٌ وَعِشْرُونَ طَالباً	إِحْدَى وَعِشْرُونَ طَالبَةً
(٢٢) اثْنَان وَعِشْرُون طَالباً	اثْنَتَان وَعِشْرُون طَالبَةً
(٢٣) ثلاثَةٌ وَعِشْرُون طَالباً	ثَلاثٌ وَعِشْرُون طَالبَةً
(٢٤) أَرْبَعَةٌ وَعِشْرُون طَالباً	أَرْبَعٌ وَعِشْرُونَ طَالبَةً
(٢٥) خَمْسَةٌ وَعِشْرُونَ طَالباً	خَمْسٌ وَعِشْرُونَ طَالبَةً
(٢٦) سِتَّةٌ وَعِشْرُونَ طَالباً	سِتٌّ وَعِشْرُونَ طَالبَةً
(٢٧) سَبْعَةٌ وَعِشْرُونَ طَالباً	سَبْعٌ وَعِشْرُونَ طَالبَةً
(٢٨) ثَمَانيَةٌ وَعِشْرُونَ طَالباً	ثَمَان وَعِشْرُونَ طَالبَةً
(٢٩) تِسْعَةٌ وعِشْرُونَ طَالباً	تِسْعٌ وَعِشْرُونَ طَالبَةً
(٣٠) ثَلاثُون طَالباً	ثَلاثُونَ طَالبَةً
(٤٠) أَرْبَعُونَ طَالباً	أَرْبَعُونَ طَالبَةً
(٥٠) خَمْسُونَ طَالباً	خَمْسُونَ طَالبَةً
(٦٠) سِتُّونَ طَالباً	سِتُّونَ طَالبَةً
(٧٠) سَبْعُونَ طَالباً	سَبْعُونَ طَالبَةً
(٨٠) ثَمَانُونَ طَالباً	ثَمَانُونَ طَالبَةً
(٩٠) تِسْعُونَ طَالباً	تِسْعُونَ طَالبَةً
(١٠٠) مِائَةُ طَالِب	مِائَةُ طَالبَة
(١٠١) مِائَةُ طَالِب وَطَالِبٌ	مِائَةُ طَالبَة وَطَالبَةٌ
(١٠٢) مِائَةُ طَالِب وَطَالِبَان	مِائَةُ طَالبَة وَطَالبَتَان
(١٠٣) مِائَةٌ وَثَلاثَةُ طُلاَّب	مِائَةٌ وَثَلاثُ طَالبَات

(١٠٤) مائةٌ وَأَرْبَعَةُ طُلاَّبٍ — مائةٌ وَأَرْبَعُ طَالِبَاتٍ

(١٠٥) مائةٌ وَخَمْسَةُ طُلاَّبٍ — مائةٌ وَخَمْسُ طَالِبَاتٍ

(١٠٦) مائةٌ وَسِتَّةُ طُلاَّبٍ — مائةٌ وَستُّ طَالِبَاتٍ

(١٠٧) مائةٌ وَسَبْعَةُ طُلاَّبٍ — مائةٌ وَثَلاثُ طَالِبَاتٍ

(١٠٨) مائةٌ وَثَمَانِيَةُ طُلاَّبٍ — مائةٌ وَثَمَانِي طَالِبَاتٍ

(١٠٩) مائةٌ وَتِسْعَةُ طُلاَّبٍ — مائةٌ وَتِسْعُ طَالِبَاتٍ

(١١٠) مائةٌ وَعَشَرَةُ طُلاَّبٍ — مائةٌ وَعَشْرُ طَالِبَاتٍ

(١١١) مائةٌ وَأَحَدَ عَشَرَ طَالِبًا — مائةٌ وَإِحْدَى عَشْرَةَ طَالِبَةً

(٢٠٠) مائَتَان — مائَتَا طَالِبٍ/طَالِبَةٍ

(٣٠٠) ثَلاثُمائَةِ طَالِبٍ/طَالِبَةٍ — (٤٠٠) أَرْبَعُمائَةِ طَالِبٍ/طَالِبَةٍ

(٥٠٠) خَمْسُمائَةِ طَالِبٍ/طَالِبَةٍ — (٦٠٠) سِتُّمائَةِ طَالِبٍ/طَالِبَةٍ

(٧٠٠) سَبْعُمائَةِ طَالِبٍ/طَالِبَةٍ — (٨٠٠) ثَمَانمائَةِ طَالِبٍ/طَالِبَةٍ

(٩٠٠) تِسْعُمائَةِ طَالِبٍ/طَالِبَةٍ

(١٠٠٠) أَلْفُ طَالِبٍ/طَالِبَةٍ

(٢٠٠٠) أَلْفَان — أَلْفَا طَالِبٍ/طَالِبَةٍ

(٣٠٠٠) ثَلاثَةُ آلافِ طَالِبٍ/طَالِبَةٍ

(٤٠٠٠) أَرْبَعَةُ آلافِ طَالِبٍ/طَالِبَةٍ

(٥٠٠٠) خَمْسَةُ آلافِ طَالِبٍ/طَالِبَةٍ

(٦٠٠٠) سِتَّةُ آلافِ طَالِبٍ/طَالِبَةٍ

(٧٠٠٠) سَبْعَةُ آلافِ طَالِبٍ/طَالِبَةٍ

(٨٠٠٠) ثَمَانِيَةُ آلافِ طَالِبٍ/طَالِبَةٍ

(٩٠٠٠) تِسْعَةُ آلافِ طَالِبٍ/طَالِبَةٍ

(١٠٠٠٠) عَشرَةُ آلافِ طَالِبٍ/طَالِبَةٍ

(٢٠٠٠٠) عِشْرُونَ أَلْفَ طَالِبٍ/طَالِبَةٍ

(٣٠٠٠٠) ثَلاثُونَ أَلْفَ طَالِبٍ/طَالِبَةٍ

(٤٠٠٠٠) أَرْبَعُونَ أَلْفَ طَالِبٍ/طَالِبَةٍ

(٥٠٠٠٠) خَمْسُونَ أَلْفَ طَالِبٍ/طَالِبَةٍ

(١٠٠٠٠٠) مِائَةُ أَلْفِ طَالِبٍ/طَالِبَةٍ

(٢٠٠٠٠٠) مِائَتَا أَلْفِ طَالِبٍ/طَالِبَةٍ

(٣٠٠٠٠٠) ثَلاثُمِائَةِ أَلْفِ طَالِبٍ/طَالِبَةٍ

(٤٠٠٠٠٠) أَرْبَعُمِائَةِ أَلْفِ طَالِبٍ/طَالِبَةٍ

٦٥٤٣ = { ثَلاثَةٌ وَأَرْبَعُونَ وَخَمْسُمِائَةٍ وَسِتَّةُ آلافِ رِيَالٍ
ثَلاثٌ وَأَرْبَعُونَ وَخَمْسُمِائَةٍ وَسِتَّةُ آلافِ رُوبِيَّةٍ

(١) أَحْــوَالُ الْعَدَدِ

(١) العَدَدَانِ (وَاحِدٌ وَاثْنَانِ) عَلَى وَفْقِ الْمَعْدُودِ (✓).

(٢) الأَعْدَادُ مِنْ (ثَلاثَةٍ إِلَى عَشَرَةٍ) عَلَى عَكْسِ (الْمَعْدُودِ (✕).

(٣) العَدَدَانِ (أَحَدَ عَشَرَ وَاثْنَا عَشَرَ) الْجُزْءَانِ عَلَى وَفْقِ الْمَعْدُودِ (✓✓).

(٤) الأَعْدَادُ مِنْ (ثَلاثَةَ عَشَرَ إِلَى تِسْعَةَ عَشَرَ) الْجُزْءُ الأَوَّلُ عَلَى عَكْسِ الْمَعْدُودِ وَالْجُزْءُ الثَّانِي عَلَى وَفْقِهِ (✕ ✓).

(٢) أَحْــوَالُ الْمَعْدُودِ

(١) مِنْ ٣ إِلَى ١٠ طُلاَّبٍ (جَمعٌ مَجْرُورٌ).

(٢) مِنْ ١١ إِلَى ٩٩ طَالِباً (مُفْرَدٌ مَنصُوبٌ).

(٣) ١٠٠/١٠٠٠ طَالِبٍ (مُفْرَدٌ مَجْرُورٌ).

POINTS TO REMEMBER

This lesson deals with the numbers. All the rules about the numbers mentioned before have been put together here. We summarise these rules under the following headings:

1) The rules regarding the **numbers**:

a) وَاحِدٌ/ اِثْنَانِ: These agree with the *ma'dûd*, and follow the *ma'dûd* as adjectives, e.g.:

كِتَابٌ وَاحِدٌ، كِتَابَانِ اثْنَانِ

سَيَّارَةٌ وَاحِدَةٌ، سَيَّارَتَانِ اثْنَتَانِ

b) ثَلَاثَةٌ ... عَشَرَةٌ: These numbers do not agree with the *ma'dûd*. If the *ma'dûd* is masculine, these are feminine, and vice versa, e.g.: ثَلَاثَةُ رِجَالٍ، وثَلَاثُ نِسَاءٍ

c) أَحَدَ عَشَرَ / اثْنَا عَشَرَ: Both the parts agree with the *ma'dûd*, e.g.:

أَحَدَ عَشَرَ طَالِباً، إِحْدَى عَشْرَةَ طَالِبَةً

اثْنَا عَشَرَ طَالِباً، اثْنَتَا عَشْرَةَ طَالِبَةً

d) ثَلَاثَةَ عَشَرَ ... تِسْعَةَ عَشَرَ: The second part agrees with the *ma'dûd*, and the first part does not, e.g.: ثَلَاثَةَ عَشَرَ طَالِباً، ثَلَاثَ عَشْرَةَ طَالِبَةً

e) عِشْرُونَ ... تِسْعُونَ، مِائَةٌ،[1] أَلْفٌ: These numbers do not change for gender, e.g.:

خَمْسُونَ مُسْلِماً / مُسْلِمَةً؛ مِائَةُ طَالِبٍ / طَالِبَةٍ

f) مِائَتَانِ / أَلْفَانِ: When the *ma'dûd* is mentioned the *nûn* is omitted, e.g.:

مِائَتَا رِيَالٍ، أَلْفَا دُولَارٍ

2) the rules regarding the ***ma'dûd:***

a) the *ma'dûd* of 3-10 is *majrûr* plural, e.g.: ثَلَاثَةُ كُتُبٍ

b) the *ma'dûd* of 11-99 is *mansûb* singular, e.g.: أَحَدَ عَشَرَ كَوْكَباً

---

[1] The *alif* in مِائَة is not pronounced. It is written without this alif in some Arab countries: مِئَة.

c) The *ma'dûd* of 100 and 1000 is *majrûr* singular: أَلْفُ رِيَالٍ

3) the *i'râb* of the numbers:

a) وَاحِدٌ / اثْنَانِ: These are used as adjectives, e.g.:

عِنْدِي رِيَالَانِ اثْنَانِ.　　عِنْدِي رِيَالٌ وَاحِدٌ.

أُرِيدُ رِيَالَيْنِ اثْنَيْنِ.　　أُرِيدُ رِيَالاً وَاحِداً.

هَذَا الْقَلَمُ بِرِيَالَيْنِ اثْنَيْنِ.　　هَذَا الْقَلَمُ بِرِيَالٍ وَاحِدٍ.

b) ثَلاَثَةٌ ... عَشَرَةٌ: These are regularly declined, e.g.:

عِنْدِي خَمْسَةُ رِيَالاَتٍ.　　(khamsat-**u**)

أُرِيدُ خَمْسَةَ رِيَالاَتٍ.　　(khamsat-**a**)

هَذَا الْقَلَمُ بِخَمْسَةِ رِيَالاَتٍ.　　(khamsat-**i**)

c) أَحَدَ عَشَرَ ... تِسْعَةَ عَشَرَ: These numbers are *mabnî* (indeclinable). They remain unchanged except the words اثْنَا and اثْنَتَا e.g.:

عِنْدِي خَمْسَةَ عَشَرَ رِيَالاً.　　(khamsat**a** 'ashar**a**)

أُرِيدُ خَمْسَةَ عَشَرَ رِيَالاً.　　(khamsat**a** 'ashar**a**)

هَذَا الْقَلَمُ بِخَمْسَةَ عَشَرَ رِيَالاً.　　(khamsat**a** 'ashar**a**)

Only the words اثْنَا and اثْنَتَا in اثْنَا عَشَرَ and اثْنَتَا عَشْرَةَ are declined like the dual. The words عَشَرَ and عَشْرَةَ remain unchanged, e.g.:

عِنْدِي اثْنَا عَشَرَ رِيَالاً.　(ithn**â**)　عِنْدِي اثْنَتَا عَشْرَةَ رُوبِيَّةً.　(ithnat**â**)

أُرِيدُ اثْنَيْ عَشَرَ رِيَالاً.　(ithn**ai**)　أُرِيدُ اثْنَتَيْ عَشْرَةَ رُوبِيَّةً.　(ithnat**ai**)

هَذَا الْقَلَمُ بِاثْنَيْ عَشَرَ رِيَالاً.　(ithn**ai**)　هَذَا الْقَلَمُ بِاثْنَتَيْ عَشْرَةَ رُوبِيَّةً.　(ithnat**ai**)

d) The *'uqûd* (عِشْرُونَ ... تِسْعُونَ) are declined like the sound masculine plural, e.g.:

أَعِنْدَكَ سِتُّونَ رِيَالاً؟　　(sitt-**ûna**)

أُرِيدُ سِتِّينَ رِيَالاً.　　(sitt-**îna**)

هَذَا الْكِتَابُ بِسِتِّينَ رِيَالاً. (sitt-**îna**)

e) مائَةٌ / أَلْفٌ: These are declined regularly, e.g.:

مُرَتَّبُهُ أَلْفُ دُولارٍ. 'His salary is $1000.' (alf-**u**)

أَخَذْتُ أَلْفَ دُولارٍ مِنْهُ. 'I took $1000 from him.' (alf-**a**)

اشْتَرَيْتُهُ بِأَلْفِ دُولارٍ. 'I purchased it for $1000.' (alf-**i**)

f) مائتا / أَلْفَا: These are dual, and are declined as such, e.g.:

أُجْرَتُهُ أَلْفَا رِيَالٍ. 'His wages are 2000 riyals.' (alf-**â**)

ما يُرِيدُ أَلْفَيْ رِيَالٍ. 'He does not want 2000 riyals.'(alf-**ai**)

يَعْمَلُ بِأَلْفَيْ رِيَالٍ. 'He works for 2000 riyals.' (alf-**ai**)

g) ثَلاثُمائَةٍ ... تِسْعُمائَةٍ : In these numbers, the word مائة is *majrûr* because it is *mudâf ilaihi*. In these numbers, the *mudâf* is joined to the *mudâf ilaihi* in writing. The *mudâf* takes the case required in the sentence, e.g.:

عِنْدِي ثَلاثُمائَةِ رِيَالٍ. (thalâth-**u** mi'at-**i**)

أُرِيدُ ثَلاثَمائَةِ رِيَالٍ. (thalâth-**a** mi'at-**i**)

اشْتَرَيْتُهُ بِثَلاثِمائَةِ رِيَالٍ. (thalâth-**i** mi'at-**i**)

Note that ثَمانمائة is originally ثَمَانِيمائَة. The *yâ* has been omitted. So the نَ in this word remains unchanged.

4) The word أَلْف may be a number and a *ma'dûd* at the same time, e.g.:

ثَلاثَةُ آلافِ رِيَالٍ 'three thousand riyals'

سِتَّةَ عَشَرَ أَلْفَ رِيَالٍ 'sixteen thousand riyals'

ثَلاثُونَ أَلْفَ رِيَالٍ 'thirty thousand riyals'

مائَةُ أَلْفِ رِيَالٍ 'one hundred thousand riyals'

In these examples, the word أَلْفٌ (or آلافٌ) is a *ma'dûd* with regard to the previous numbers, and it is a number with regard to the word following it.

5) If the number is *mudâf*, it has no *tanwîn* when the *ma'dûd* is mentioned, and has *tanwîn* when the *ma'dûd* is omitted, e.g.:

كَمْ رِيَالاً عِنْدَكَ؟ 'How many riyals do you have?'

عِنْدِي عَشَرَةٌ or عِنْدِي عَشَرَةُ رِيَالاتٍ 'I have ten riyals.'

بِكَمْ اشْتَرَيْتَ هَذِهِ السَّاعَةَ؟ 'For how much did you buy this watch?'

بِأَلْفٍ يَا أَخِي or بِأَلْفِ رِيَالٍ 'For a thousand riyals.'

كَمْ رِيَالاً تُرِيدُ؟ 'How many riyals do you want?'

عِشْرِينَ أَلْفاً يَا أَخِي or أُرِيدُ عِشْرِينَ أَلْفَ رِيَالٍ. 'I want twenty thousand riyals.'

6) Reading the number: While reading the number it is better to start with the units, and then go to tens, and then to hundreds, and then to thousands, e.g.:

6543

if the *ma'dûd* is masculine:

ثَلاثَةٌ وَأَرْبَعُونَ وَخَمْسُمائَةٍ وَسِتَّةُ آلافِ رِيَالٍ

if the *ma'dûd* is feminine:

ثَلاثٌ وَأَرْبَعُونَ وَخَمْسُمائَةٍ وَسِتَّةُ آلافِ رُوبِيَّةٍ

الدَّرْسُ الْخَامِسُ

LESSON 5

الْمُدَرِّسُ : أَيْنَ أَنْوَرُ يَا عُمَرُ؟

عُمَرُ : لاَ أَدْرِي. رَأَيْتُهُ قَبْلَ قَلِيلٍ. كَانَ وَاقِفاً خَارِجَ الْفَصْلِ.

الْمُدَرِّسُ : كَيْفَ حَالُ عَمَّارٍ الآنَ يَا سَعْدُ؟ كَانَ مَرِيضاً مُنْذُ أُسْبُوعٍ.

سَعْدٌ : لاَ يَزَالُ مَرِيضاً يَا فَضِيلَةَ الشَّيْخِ.

الْمُدَرِّسُ : سَمِعْتُ أَنَّهُ يُرِيدُ أَنْ يَتْرُكَ الْجَامِعَةَ وَيَرجِعَ إِلَى بَلَدِهِ. أَصَحِيحٌ هَذَا؟

سَعْدٌ : لاَ. هَذَا غَيْرُ صَحِيحٍ.

الْمُدَرِّسُ : مَاذَا يَعْمَلُ أَبُوكَ يَا إِبْرَاهِيمُ؟ سَمِعْتُ أَنَّهُ وَزِيرٌ.

إِبْرَاهِيمُ : كَانَ وَزِيرًا قَبْلَ سَنَتَيْنِ. هُوَ الآنَ سَفِيرٌ.

الْمُدَرِّسُ : وَمَاذَا يَعْمَلُ أَبُوكَ يَا عَمْرُو؟ قَالَ لِي أَحَدُ زُمَلائِكَ أَنَّهُ مُدَرِّسٌ.

عَمْرٌو : كَانَ مُدَرِّسًا مِنْ قَبْلُ. وَهُوَ الآنَ مُفَتِّشٌ فِي الْمَدَارِسِ الثَّانَوِيَّةِ.

الْمُدَرِّسُ : وَمَاذَا يَعْمَلُ أَبُوكَ يَا يَعْقُوبُ؟

يَعْقُوبُ : كَانَ شُرْطِيًّا. هُوَ الآنَ مُتَقَاعِدٌ.

الْمُدَرِّسُ : يَا أَبَا بَكْرٍ، قُلْتَ لِي قَبْلَ ثَلَاثِ سَنَوَاتٍ أَنَّ أَبَاكَ عَمِيدُ كُلِّيَّةِ الْهَنْدَسَةِ. أَمُتَقَاعِدٌ هُوَ الْآنَ؟

أَبُوبَكْرٍ : لَا، لَا يَزَالُ عَمِيدًا.

الْمُدَرِّسُ : يَا أَخْتَرُ، سَمِعْتُ أَنَّ أَخَاكَ طَبِيبٌ شَهِيرٌ، وَيَأْتِيهِ الْمَرْضَى مِنْ جَمِيعِ أَنْحَاءِ بَاكِسْتَانَ. أَصَحِيحٌ هَذَا؟

أَخْتَرُ : نَعَمْ. هَذَا صَحِيحٌ يَا فَضِيلَةَ الشَّيْخِ.

الْمُدَرِّسُ : يَا عُثْمَانُ، اذْهَبْ إِلَى الْمَكْتَبَةِ وَهَاتِ الْجُزْءَ الثَّالِثَ مِنْ (لِسَانِ الْعَرَبِ).

هَاشِمٌ : يَا فَضِيلَةَ الشَّيْخِ أَظُنُّ أَنَّ «لِسَانَ الْعَرَبِ» مُعْجَمٌ.

الْمُدَرِّسُ : نَعَمْ. هُوَ مُعْجَمٌ كَبِيرٌ، فِي ٢٠ جُزْءًا.

هَاشِمٌ : لِمَنْ هُوَ يَا فَضِيلَةَ الشَّيْخِ؟

الْمُدَرِّسُ : هُوَ لِابْنِ مَنْظُورٍ.

(يَرْجِعُ عُثْمَانُ)

عُثْمَانُ : الْمَكْتَبَةُ مُغْلَقَةٌ الْآنَ يَا شَيْخُ. يَقُولُونَ إِنَّهَا كَانَتْ مَفْتُوحَةً إِلَى السَّاعَةِ الْعَاشِرَةِ.

الْمُدَرِّسُ : يَا عَبَّاسُ، قُلْ لِأَخِيكَ الَّذِي يَدْرُسُ فِي السَّنَةِ الثَّانِيَةِ يَأْتِنِي غَدًا.

عَبَّاسٌ : سَأَقُولُ لَهُ إِنْ شَاءَ اللهُ.

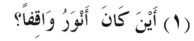

EXERCISES   تَـــمَـارِينُ

Answer the following questions: ١- أَجِبْ عَنِ الْأَسْئِلَةِ الْآتِيَةِ:

(١) أَيْنَ كَانَ أَنْوَرُ وَاقِفًا؟

(٢) أَيُرِيدُ عَمَّارٌ أَنْ يَتْرُكَ الْجَامِعَةَ؟

(٣) مَنِ الَّذِي أَبُوهُ سَفِيرٌ؟

(٤) مَنِ الَّذي أَبُوهُ شُرْطِيٌّ مُتَقَاعِدٌ؟

(٥) مَنْ ذَهَبَ إِلَى الْمَكْتَبَةِ؟

(٦) مَنْ أَلَّفَ لِسَانَ الْعَرَبِ؟

(٧) فِي كَمْ جُزْءًا هُوَ؟

(٨) أَكَانَتْ الْمَكْتَبَةُ مَفْتُوحَةً؟

٢– اِقْرَأْ الْمِثَالَيْنِ، ثُمَّ أَدْخِلْ (كَانَ) عَلَى الْجُمَلِ الآتِيَةِ:

Rewrite the following sentences using كَانَ:

حَامِدٌ مَرِيضٌ الآنَ. — كَانَ حَامِدٌ مَرِيضاً أَمْسِ.

زَيْنَبُ طَالِبَةٌ. — كَانَتْ زَيْنَبُ طَالِبَةً.

(١) الْمَاءُ بَارِدٌ. ....

(٢) الْبَابُ مَفْتُوحٌ. ....

(٣) النَّافِذَةُ مُغْلَقَةٌ. ....

(٤) هَاشِمٌ مُدَرِّسٌ. ....

(٥) الرَّجُلُ نَصْرَانِيٌّ. ....

(٦) الْجَوُّ بَارِدٌ. ....

(٧) الْمُدِيرُ جَالِسٌ فِي غُرْفَتِهِ. ....

(٨) هَذِهِ السَّاعَةُ رَخِيصَةٌ. ....

(٩) عُمَرُ تَاجِرٌ غَنِيٌّ. ....

(١٠) عَمُّنَا مُدِيرُ مَدْرَسَةٍ. ....

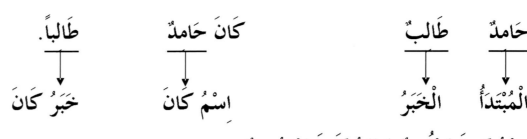

حَامِدٌ	طَالِبٌ	كَانَ حَامِدٌ	طَالِباً.
↓	↓	↓	↓
الْمُبْتَدَأُ	الْخَبَرُ	اِسْمُ كَانَ	خَبَرُ كَانَ

اِسْمُ كَانَ مَرْفُوعٌ وَخَبَرُ كَانَ مَنْصُوبٌ.

٣- اِقْرَأْ الْمِثَالَيْنِ، ثُمَّ أَدْخِلْ (لاَ يَزَالُ) عَلَى الْجُمَلِ الآتِيَةِ عِلْماً بِأَنَّ (لاَ يَزَالُ) مِنْ أَخَوَاتِ (كَانَ):

Rewrite the following sentences using لاَ يَزَالُ:

إِبْرَاهِيمُ نَائِمٌ.   لاَيَزَالُ إِبْرَاهِيمُ نَائِماً.

آمِنَةُ نَائِمَةٌ.   لاَ تَزَالُ آمِنَةُ نَائِمَةً.

(١) هِشَامٌ عَزَبٌ. ....

(٢) الْمُدَرِّسُ جَالِسٌ عِنْدَ الْمُدِيرِ. ....

(٣) أَحْمَدُ مَرِيضٌ. ....

(٤) الْجَوُّ حَارٌّ. ....

(٥) الْمَكْتَبَةُ مُغْلَقَةٌ. ....

(٦) السَّيَّارَةُ جَدِيدَةٌ. ....

(٧) حَامِدٌ غَائِبٌ. ....

Examine the following: ٤- تَأَمَّلْ مَا يَلِي:

الْمَجْرُورُ	الْمَنْصُوبُ	الْمَرْفُوعُ
قُلْتُ لِزَمِيلِكَ. (ـِ)	رَأَيْتُ زَمِيلَكَ. (ـَ)	دَخَلَ زَمِيلُكَ. (ـُ)
قُلْتُ لِأَبِيكَ. (ي)	رَأَيْتُ أَبَاكَ. (ا)	جَاءَ أَبُوكَ. (و)
هَذَا لِأَخِيكَ.	سَأَلْتُ أَخَاكَ.	قَالَ أَخُوكَ.

36

٥- اِمْلأْ الأَمَاكِنَ الْخَالِيَةَ بِـــ (أَب):

Fill in the blanks with أَبٌ:

(١) .... نَا تَاجِرٌ كَبِيرٌ.

(٢) هَذِهِ السَّيَّارَةُ لِـــ .... نَا.

(٣) أَرَأَيْتَ .... نَا؟

(٤) أَيْنَ ذَهَبَ .... كِ يَا فَاطِمَةُ؟

(٥) مَتَى خَرَجَ .... كَ يَا عَلِيُّ؟

(٦) اِسْأَلِي .... كِ يَا زَيْنَبُ.

(٧) أَنَا أَعْرِفُ .... كَ يَا عُثْمَانُ.

(٨) يَا بِلَالُ، كَتَبْتُ رِسَالَةً إِلَى .... كَ.

(٩) سَمِعْتُ أَنَّ .... هَا طَبِيبٌ مَشْهُورٌ.

٦- اِمْلأْ الأَمَاكِنَ الْخَالِيَةَ بِـــ (أَخ):

Fill in the blanks with أَخٌ:

(١) أَيْنَ .... كَ يَا سَلْمَى؟

(٢) خَرَجَ .... هَا مَعَ .... كَ.

(٣) أَخَذْتُ أَلْفَ رِيَالٍ مِن .... كَ.

(٤) أَظُنُّ أَنَّ .... هُ طَالِبٌ.

(٥) أَبْحَثُ عَنْ .... كَ.

الْكَلِمَاتُ الْجَدِيدَةُ:

New words:

سَفِيرٌ (ج سُفَرَاءُ) — مُفَتِّشٌ (ج مُفَتِّشُونَ) — شُرْطِيٌّ (ج شُرْطَةٌ)

عَمِيدٌ (ج عُمَدَاءُ) — مَرِيضٌ (ج مَرْضَى) — مُتَقَاعِدٌ

تَرَكَ (يَتْرُكُ) — أَلَّفَ (يُؤَلِّفُ)

POINTS TO REMEMBER

In this lesson, we learn the following:

1) كَانَ: We were introduced to كَانَ in Book 3. We learn more about it here.

كَانَ is used in nominal sentences. After its introduction, the *mubtada'* is called *ismu kâna* and the *khabar* is called *khabaru kâna.* The *khabaru kâna* is *mansûb*, e.g.:

كَانَ	الْمَاءُ	بَارِدًا.	← الْمَاءُ	بَارِدٌ.
	↓	↓	↓	↓
	ismu kâna	*khabaru kâna*	*mubtada'*	*khabar*

Here are some more examples:

كَانَتْ زَيْنَبُ مَرِيضَةً. ← زَيْنَبُ مَرِيضَةٌ.

كَانَ الْجَوُّ جَمِيلاً. ← الْجَوُّ جَمِيلٌ.

If the *khabar* is a prepositional phrase, it remains without any change, e.g.:

كَانَ الْمُدَرِّسُ فِي الْفَصْلِ. ← الْمُدَرِّسُ فِي الْفَصْلِ.

2) لاَ يَزَالُ: It means 'he is still'. It is one of the 'sisters of *kâna'* and acts exactly like كَانَ, e.g.:

بِلاَلٌ مَرِيضٌ. 'Bilal is sick.' → لاَ يَزَالُ بِلاَلٌ مَرِيضاً. 'Bilal is still sick.'

مَرْيَمُ طَالِبَةٌ. 'Maryam is a student.' → لاَ تَزَالُ مَرْيَمُ طَالِبَةً. 'Maryam is still a student.'

إِبْراهِيمُ فِي الْمُسْتَشْفَى 'Ibrahim is in the hospital.' لاَ يَزَالُ إِبْراهِيمُ فِي الْمُسْتَشْفَى 'Ibrahim is still in the hospital.'

3) The *i'râb* of أَبٌ and أَخٌ: we have learnt in Book 2 that when these two words are *mudâf* they take a *wâw*, e.g.: أَبُو بِلالٍ، أَخُو حامِدٍ، أَبُوكَ، أَخُوهُ

This *wâw* is the *marfû'* ending. When it is *mansûb* the *wâw* changes to *alif,* and when it is *majrûr*, it changes to *yâ,* e.g.:

marfû': أَيْنَ أَبُوكَ؟ 'Where is your father?' (abû-ka)

mansûb: أَعْرِفُ أَبَاكَ 'I know your father.' (abâ-ka)

majrûr: مَاذا قُلْتَ لأَبِيكَ؟ 'What did you tell your father?' (abî-ka)

Here is an example of أَخُو:

marfû' أَيْنَ ذَهَبَ أَخُوهَا؟ 'Where did her brother go?' (akhû-hâ)

mansûb أَرَأَيْتَ أَخَاهَا؟ 'Did you see her brother?' (akhâ-hâ)

majrûr أَذَهَبْتَ إِلَى أَخِيْهَا؟ 'Did you go to her brother?' (akhî-hâ)

4) مِنْ قَبْلُ: We know that قَبْلَ and بَعْدَ are alsays *mudâf,* e.g.:

ذَهَبْتُ إِلَى الْمَسْجِدِ قَبْلَ الأَذانِ، ورَجَعْتُ بَعْدَ الصَّلاةِ.

'I went to the mosque before the *adhân*, and returned after the *salât*.'

If the *mudâf ilaihi* is omitted, قَبْل and بَعْد become *mabnî,* and they always have *dammah,* e.g.:

أَبِي الآنَ مُدِيرٌ، وَكَانَ مِنْ قَبْلُ مُدَرِّسًا.

'My father is now a headmaster, and before that he was a teacher.'

In this sentence, مِنْ قَبْلُ is for مِنْ قَبْلِ ذَلِكَ 'before that', i.e. before being a headmaster. But the *mudâf ilaihi* ذَلِكَ has been omitted.

Here is an example of بَعْدُ:

أَذْهَبُ الآنَ إِلَى الْمَكْتَبَةِ، وَسَأَذْهَبُ إِلَى الْمَسْجِدِ مِنْ بَعْدُ.

'I am now going to the library, and shall go to the mosque after that.'

Here مِنْ بَعْدُ is for مِنْ بَعْدِه or مِنْ بَعْدِ ذَلِكَ 'after it' or 'after that'.

لِلَّهِ الأَمْرُ مِنْ قَبْلُ وَمِنْ بَعْدُ. (Qur'an 30:4)

'The decision of the matter, before and after, is only Allah's.'

5) مَرْضَى is the plural of مَرِيضٌ. This plural form is مَمْنُوعٌ مِنَ الصَّرْفِ, and so has no *tanwîn*. Here are some more examples:

قَتِيلٌ a killed person, pl. قَتْلَى — أَسِيرٌ prisoner, pl. أَسْرَى

جَرِيحٌ a wounded person, pl. جَرْحَى — أَحْمَقُ stupid, pl. حَمْقَى

VOCABULARY

Arabic	English	Arabic	English
سَفيرٌ	ambassador	مُتَقَاعِدٌ	retired
مُفَتِّشٌ	inspector	جَميعُ أَنْحَاءِ العالَمِ	all parts of the world
شُرْطِيٌّ	policeman	تَرَكَ يَتْرُكُ	(a-u) to leave
عَميدٌ	dean of a faculty, principal of a college	أَلَّفَ يُؤَلِّفُ	to write a book

الدَّرْسُ السَّادِسُ

LESSON 6

بَشِيرٌ : يَا فَضِيلَةَ الشَّيْخِ، نُرِيدُ أَنْ نَشْتَرِيَ هٰذَا الْمُعْجَمَ الَّذِي مَعَكَ وَلٰكِنَّنَا لاَ نَجِدُهُ فِي الْمَكْتَبَاتِ.

الْمُدَرِّسُ : تَجِدُونَهُ فِي الْمَكْتَبَةِ الْكَبِيرَةِ الَّتِي أَمَامَ الْمَسْجِدِ. تَجِدُونَ فِيهَا مَعَاجِمَ عَرَبِيَّةً وَأَجْنَبِيَّةً وَمَصَاحِفَ مِنْ بِلاَدٍ مُخْتَلِفَةٍ وَصُحُفاً مِنْ جَمِيعِ أَنْحَاءِ الْعَالَمِ.

(يَدْخُلُ أَحْمَدُ)

أَحْمَدُ : يَا فَضِيلَةَ الشَّيْخِ، أَنَا لاَ أَجِدُ مِحْفَظَتِي.

الْمُدَرِّسُ : أَفِيهَا نُقُودٌ كَثِيرَةٌ؟

أَحْمَدُ : نَعَمْ، فِيهَا ثَلاَثُمِائَةِ رِيَالٍ.

الْمُدَرِّسُ : أَيْنَ وَضَعْتَهَا؟

أَحْمَدُ : وَضَعْتُهَا عَلَى الْمَكْتَبِ هُنَا وَخَرَجْتُ لِأَشْرَبَ الْمَاءَ.

الْمُدَرِّسُ : لِمَ وَضَعْتَهَا عَلَى الْمَكْتَبِ؟ هَذَا خَطَأٌ كَبِيرٌ. يَجِبُ أَنْ تَضَعَهَا فِي جَيْبِكَ ...... أَوَجَدَ أَحَدٌ مَحْفَظَتَهُ يَا إِخْوَانُ؟

خَالِدٌ : لَا. لَمْ نَجِدْهَا يَا شَيْخُ.

عُمَرُ : هَا هِيَ ذِي يَا أُسْتَاذُ. إِنَّهَا تَحْتَ كُرْسِيِّهِ.

الْمُدَرِّسُ : خُذْهَا وَضَعْهَا فِي جَيْبِكَ.

(يَقُومُ يَحْيَى وَيَسِيرُ نَحْوَ الْمُدَرِّسِ)

الْمُدَرِّسُ : قِفْ يَا وُلَيْدُ. أَيْنَ تُرِيدُ أَنْ تَذْهَبَ؟

يَحْيَى : يَا فَضِيلَةَ الشَّيْخِ، أَرْجُو أَنْ تَسْمَحَ لِي بِالذَّهَابِ لِأَنَّ أَبِي يَأْتِي الْيَوْمَ إِلَى الْمَدِينَةِ الْمُنَوَّرَةِ.

المدرس : متى يصل هنا؟

يَحْيَى : تَصِلُ الطَّائِرَةُ مِنْ جِدَّةَ فِي السَّاعَةِ الْوَاحِدَةِ.

الْمُدَرِّسُ : مَتَى وَصَلَ أَبُوكَ إِلَى جِدَّةَ؟

يَحْيَى : وَصَلَ الْبَارِحَةَ.

الْمُدَرِّسُ : اِذْهَبْ بِسُرْعَةٍ. بَقِيَ نِصْفُ سَاعَةٍ أَوْ أَقَلُّ. اِسْمَعْ. أَرْجُو أَنْ تَأْتِي بِأَبِيكَ إِلَى بَيْتِي.

يَحْيَى : إِنْ شَاءَ اللهُ سَآتِيكَ بِهِ غَدًا بَعْدَ صَلَاةِ الْعَصْرِ.

تَــمَارِينُ	EXERCISES

١ – هَذِهِ أَمْثِلَةٌ لِلْفِعْلِ (الْمُعْتَلِّ الْفَاءِ):

Read the following الْمُعْتَلُّ الْفَاءِ verbs:

وَجَدَ. وَصَلَ. وَزَنَ. وَعَدَ. وَضَعَ. وَهَبَ. وَجَبَ. وَقَفَ.

٢- تَأَمَّلِ الْمِثَالَ، ثُمَّ اكْتُبْ مُضَارِعَ الْأَفْعَالِ الْآتِيَةِ:

Change the following verbs from *madî* to *mudari'*:

وَجَدَ يَجِدُ (أَصْلُهُ: يَوْجِدُ حُذِفَتْ مِنْهُ الْوَاوُ: يَجِدُ).

وَقَفَ ....

وَزَنَ ....

وَصَلَ ....

وَجَبَ ....

وَعَدَ ....

وَلَجَ ....   (وَلَجَ مَعْنَاهُ: دَخَلَ)

وَضَعَ ....   (وَضَعَ مُضَارِعُهُ يَضَعُ لِأَنَّهُ مِثْلُ ذَهَبَ، يَذْهَبُ).

وَهَبَ ....   (وَهَبَ مثل وَضَعَ).

٣- تَأَمَّلِ الْمِثَالَ، ثُمَّ صُغِ الْأَمْرَ مِنَ الْأَفْعَالِ الْآتِيَةِ:

Form the *amr* from the following verbs:

تَقِفُ ← قِفْ (لَا يَحْتَاجُ إِلَى الْهَمْزَةِ لِأَنَّ أَوَّلَهُ مُتَحَرِّكٌ).

تَزِنُ ....

تَعِدُ ....

تَهَبُ ....

تَضَعُ ....

٤– اِقْرَأْ مَا يَلِي: Read the following:

(١) مَتَى تَصِلُ الطَّائِرَةُ مِنْ بَارِيس؟ تَصِلُ فِي السَّاعَةِ الْحَادِيَةَ عَشْرَةَ وَالنِّصْفِ.

(٢) يَجِبُ عَلَيْنَا أَنْ نَفْهَمَ الْقُرْآنَ الْكَرِيمَ وَنَعْمَلَ بِهِ.

(٣) قَالَ لِي الطَّبِيبُ: ضَعْ هَذَا الْقُرْصَ عَلَى اللِّسَانِ ثُمَّ ابْلَعْهُ.

(٤) سَتَجِدُنِي فِي الْبَيْتِ بَعْدَ صَلاَةِ الْعِشَاءِ إِنْ شَاءَ اللهُ.

(٥) قِفْ هُنَا يَا سَائِقُ. أَنَا أُرِيدُ أَنْ أَنْزِلَ.

(٦) زِنْ لِي كِيْلُوغْرَاماً مِنَ السُّكَّرِ يَا بَقَّالُ.

(وَيَجُوزُ: زِنِّي كيلوغِراماً من ...).

(٧) يَا سَلْمَى، ضَعِي هَذَا الْكِتَابَ عَلَى مَكْتَبِي.

(٨) لِمَاذَا تَقِفُ هُنَا يَا أَخِي؟ اِجْلِسْ.

(٩) لاَ تَقِفْ فِي الطَّرِيقِ.

(١٠) قَالَ اللهُ عَزَّ وَجَلَّ فِي سُورَةِ سَبَأ (الآية ٢): (يَعْلَمُ مَا يَلِجُ فِي الأَرْضِ وَمَا يَخْرُجُ مِنْهَا وَمَا يَنْزِلُ مِنَ السَّمَاءِ وَمَا يَعْرُجُ فِيهَا، وَهُوَ الرَّحِيمُ الْغَفُورُ).

(١١) وَقَالَ تَعَالَى فِي سُورَةِ الشُّوْرَى: (لِلَّهِ مُلْكُ السَّمَوَاتِ وَالأَرْضِ، يَخْلُقُ مَا يَشَاءُ، يَهَبُ لِمَنْ يَشَاءُ إِنَاثاً وَيَهَبُ لِمَنْ يَشَاءُ الذُّكُورَ).

٥– تَأَمَّلِ الأَمْثِلَةَ الآتِيَةَ لِلاسْمِ (الْمُصَغَّرِ):

Read these diminutive nouns carefully:

وُلَيْدٌ : وَلَدٌ صَغِيرٌ جُبَيْلٌ : جَبَلٌ صَغِيرٌ.

نُهَيْرٌ : نَهْرٌ صَغِيرٌ كُلَيْبٌ : كَلْبٌ صَغِيرٌ.

٦– صَغِّرْ الأَسْمَاءَ الآتِيَةَ:

Change these nouns to diminutive nouns:

رَجُلٌ .... قَلَمٌ ....

طِفْلٌ .... نَجْمٌ ....

٧– تَأَمَّلِ الأَمْثِلَةَ الآتِيَةَ لِـ (اسْمِ التَّفْضِيلِ):

Read carefully these examples of اسْمُ التَّفْضِيلِ:

قَلِيلٌ : أَقَلُّ لَذِيذٌ : أَلَذُّ

شَدِيدٌ : أَشَدُّ حَبِيبٌ : أَحَبُّ

Read the following: ٨– اقْرَأْ مَا يَلِي:

(١) بَقِيَ أَقَلُّ مِنْ سَاعَةٍ.

(٢) الْبُرْتُقَالُ لَذِيذٌ وَالتُّفَّاحُ أَلَذُّ مِنْهُ.

(٣) أَبِي حَبِيبٌ إِلَيَّ، وَأُمِّي أَحَبُّ إِلَيَّ مِنْهُ.

(٤) الْبَرْدُ الْيَوْمَ أَشَدُّ.

(٥) مَا أَحَبُّ الدُّرُوسِ إِلَيْكَ؟ أَحَبُّ الدُّرُوسِ إِلَيَّ الْقُرْآنُ الْكَرِيمُ.

(٦) كَانَ الطُّلَّابُ قَلِيلاً أَمْسِ، وَالْيَوْمَ هُمْ أَقَلُّ.

(٧) مَنْ أَحَبُّ النَّاسِ إِلَيْكَ؟ أَحَبُّ النَّاسِ إِلَيَّ رَسُولُ اللَّهِ ﷺ.

Examine the following: ٩– تَأَمَّلْ مَا يَلِي:

أَيْنَ الْكِتَابُ؟ هَا هُوَ ذَا.

هُوَ

هَـــــــذَا

45

أين الساعةُ؟ هَا هِيَ ذِي. هَـــــذِي هِيَ

أَيْنَ إِبْرَاهِيمُ؟ هَأَنَذَا. هَـــــذَا أَنَا

يَتَظَاهَرُ الْمُدَرِّسُ بِالْبَحْثِ عَنْ شَيْءٍ (اسْمُهُ مُذَكَّرٌ) فَيَقُولُ أَحَدُ الطُّلَّابِ: هَا هُوَ ذَا.

ثُمَّ يَتَظَاهَرُ الْمُدَرِّسُ بِالْبَحْثِ عَنْ شَيْءٍ (اسْمُهُ مُؤَنَّثٌ) وَيَقُولُ أَحَدُ الطُّلَّابِ: هَا هِيَ

ذِي. ثُمَّ يَتَظَاهَرُ بِالْبَحْثِ عَنْ طَالِبٍ وَيَقُولُ الْمَبْحُوثُ عَنْهُ نَفْسُهُ: هَأَنَذَا.

The teacher pretends to be looking for a thing (with a masculine name) and one of the students says هَا هُوَ ذَا. He then pretends to be looking for a thing (with a feminine name) and one of the students says هَا هِيَ ذِي. Then he pretends to be looking for a student saying, 'where is Ali?', and Ali cries out saying هَأَنَذَا.

١٠- تَأَمَّلْ الْمِثَالَ ثُمَّ كَوِّنْ جُمَلاً مِثْلَهُ مُسْتَعْمِلاً فِيهَا «يَجِبُ عَلَى» مُسْتَعِينًا بِالْكَلِمَاتِ الْوَارِدَةِ بَيْنَ قَوْسَيْنِ:

Make sentences with the help of the words given in the brackets as shown in the example:

الْمِثَالُ: يَجِبُ عَلَيْنَا أَنْ نَفْهَمَ الْقُرْآنَ وَنَعْمَلَ بِهِ.

(١) يَجِبُ .... (تَكْتُبُ الْوَاجِبَاتِ بِانْتِظَامٍ).

(٢) يَجِبُ .... (تَحْفَظِينَ سُورَتَيْنِ هَذَا الْأُسْبُوعَ).

(٣) يَجِبُ .... (تَخْرُجُونَ مِنَ الْفَصْلِ بِهُدُوءٍ.)

(٤) يَجِبُ .... (تَدْخُلُونَ الْفَصْلَ قَبْلَ دُخُولِ الْمُدَرِّسِ).

(٥) يَجِبُ .... (تَدْرُسُ اللُّغَةَ الْعَرَبِيَّةَ لِأَنَّهَا لُغَةُ الْقُرْآنِ).

46

١١ – الذَّهابُ مَصدَرُ ذَهَبَ/يَذْهَبُ:

The *masdar* of ذَهَبَ is ذَهابٌ. Notice its use in the following sentences:

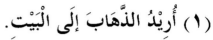

(١) أُرِيدُ الذَّهابَ إِلَى الْبَيْتِ.

(٢) يَا أُسْتَاذُ، أَرْجُو أَنْ تَسْمَحَ لِي بِالذَّهابِ إِلَى الْمُسْتَشْفَى.

(٣) خَرَجْتُ مِنَ الْفَصْلِ لِلذَّهابِ إِلَى الْمُدِيرِ.

(٤) هَذِهِ تَذْكِرَةُ طَائِرَةٍ إِلَى دِمَشْقَ ذَهَاباً وَإِيَاباً.

New words:	الكَلِمَاتُ الْجَدِيدَةُ:
مَحْفَظَةٌ	أَجْنَبِيٌّ
خَطَأٌ (ج أَخْطَاءٌ)	نَقْدٌ (ج نُقُودٌ)
ذَهَابٌ	إِيَابٌ
تَذْكِرَةٌ (ج تَذَاكِرُ)	قُرْصٌ (ج أَقْرَاصٌ)
أُنْثَى (ج إِنَاثٌ)	كِيلُوغرامٌ (ج كِيلُوغرامَاتٌ)
بِانْتِظَامٍ	ذَكَرٌ (ج ذُكُورٌ)
عَرَجَ (يَعْرُجُ)	وَجَبَ (يَجِبُ)
	بَلِعَ (يَبْلَعُ)/ بَلَعَ (يَبْلَعُ)

POINTS TO REMEMBER

In this lesson, we learn the following:

1) We have learnt that most Arabic verbs have only three letters which are called radicals. The first radical is called ف, the second is called ع, and the third is called ل. These names are taken from the verb فَعَلَ which has been taken as an example for all the verbs.

If one of the three radicals is و or ي, the verb is called *mu'tall* (الْمُعْتَلّ), i.e. weak. If the first radical is و or ي the verb is called *mu'tall al-fâ'* (الْمُعْتَلّ الْفَاءِ), i.e. weak of *fâ.* It is also called *mithâl* (الْمِثَال).

If the second radical is و or ي, the verb is called *mu'tall al-'ain* (الْمُعْتَلّ الْعَيْنِ), i.e. weak of *'ain*. It is also called *ajwaf* (الأَجْوَفُ).

If the third radical is و or ي, the verb is called *mu'tall al-lâm* (الْمُعْتَـــلّ الـــلاَّمِ) i.e. weak of *lâm*. It is also called *nâqis* (النَّاقِصُ).

If two radicals are weak, the verb is called *lafîf* (اللَّفِيف).

In this lesson, we learn the *mithâl* verbs. We have examples only of verbs having و as the first radical, e.g.:

وَقَفَ he stopped

وَزَنَ he weighed

وَضَعَ he placed

There is an abnormality in the *mudâri'* of the *mithâl* verb. The first radical (و) is lost in the *mudâri'*, e.g.: وَزَنَ → يَزِنُ (ya-zin-u) which is originally يَوْزِنُ (ya-wzin-u)— like يَجْلِـــسُ – and after the omission of the *wâw,* it becomes يَزِنُ (ya-zin-u).

In the same way:

وَقَفَ → يَقِفُ for يَوْقِفُ

وَجَدَ → يَجِدُ for يَوْجِدُ

وَضَعَ → يَضَعُ for يَوْضَعُ (it is a-a group)

The *amr* from تَزِنُ is زِنْ 'weigh!' No *hamzat al-wasl* is needed at the beginning as the verb does not commence with a *sâkin* letter. The *amr* of تَضَعُ is ضَعْ 'place!'

2) وُلَيْدٌ is the diminutive of وَلَدٌ. The diminutive form is used to indicate smaller size or for endearment. It has the pattern of فُعَيْلٌ, e.g.:

زَهْرٌ flower → زُهَيْرٌ

نَهْرٌ river → نُهَيْرٌ

عَبْدٌ slave → عُبَيْدٌ

حَسَنٌ Hasan → حُسَيْنٌ

3) هَاهُوَذَا 'Here it is!'

This expression is used when a person or a thing you have been looking for suddenly appears.

The feminine form is هَا هِيَ ذِي

'Here I am' is هَأَنَذَا

4) يَجِبُ is the *mudâri'* of وَجَبَ. So يَجِبُ literally means 'it is necessary', 'it should be', e.g.:

يَجِبُ عَلَيْنَا أَنْ نَفْهَمَ الْقُرآنَ. 'We should understand the Qur'ân.'

Here the phrase أَنْ نَفْهَمَ is the *fâ'il* of يَجِبُ.

Here are some more examples:

يَجِبُ عَلَيْكَ أَنْ تَرْجِعَ غَدًا. 'You must return tomorrow.'

يَجِبُ عَلَيَّ أَنْ أَذْهَبَ إِلَى الرِّيَاضِ الْيَوْمَ. 'I must go to Riyadh today.'

The negative particle is used with the second verb, e.g.:

يَجِبُ عَلَيْهِ أَنْ لاَ يَخْرُجَ مِنَ الْفَصْلِ. 'He should not leave the class.'

But لاَ يَجِبُ means 'need not', e.g.:

لاَ يَجِبُ عَلَيْنَا أَنْ نَحْضُرَ هَذَا الدَّرْسَ. 'We need not attend this lesson.'

5) We have learnt one of the patterns of the *masdar*. It is فُعُولٌ like رُكُوعٌ، خُرُوجٌ، نُزُولٌ، سُجُودٌ. Now we learn two more patterns. One is فَعَالٌ like ذَهَابٌ 'going' from ذَهَبَ, نَجَاحٌ 'success' from نَجَحَ. The word إِيَابٌ means 'return'. It is from آبَ يَؤُوبُ (a-u) 'to return'. It is on the pattern of فِعَالٌ. Another example of this pattern is نِكَاحٌ 'marriage' from نَكَحَ يَنْكِحُ (a-i) 'to marry.'

6) أَقَلُّ is comparative of قَلِيلٌ 'little'. It is originally أَقْلَلُ like أَكْبَرُ، أَجْمَلُ etc. But as the second and the third radicals are identical, the third radical has been assimilated to the second.

VOCABULARY

(a-i) to weigh	وَزَنَ يَزِنُ	stranger	أَجْنَبِيٌّ
(a-i) to promise	وَعَدَ يَعِدُ	purse	مَحْفَظَةٌ
(a-i) to stop, to stand	وَقَفَ يَقِفُ	money, cash	نَقْدٌ
(a-i) to enter	وَلَجَ يَلِجُ	ticket	تَذْكِرَةٌ
(a-a) to place	وَضَعَ يَضَعُ	return air-ticket	تَذْكِرَةُ الطَّائِرَةِ ذَهَابًا وإِيابًا
(a-a) to grant	وَهَبَ يَهَبُ	kilogram	كِيْلوغرامٌ
(a-i) to arrive	وَصَلَ يَصِلُ	female	أُنْثَى
(i-a) to swallow	بَلِعَ يَبْلَعُ/بَلَعَ يَبْلَعُ	male	ذَكَرٌ
(a-u) to ascend	عَرَجَ يَعْرُجُ	regularly	بِانْتِظَامٍ
(a-i) to be necessary	وَجَبَ يَجِبُ	he wills	يَشَاءُ
(a-i) to find	وَجَدَ يَجِدُ	severe	شَدِيدٌ
return	إِيَابٌ	dear	حَبِيبٌ
going	ذَهَابٌ	mistake	خَطَأٌ

الدَّرْسُ السَّابِعُ

LESSON 7

الْمُدَرِّسُ : مَتَى جِئْتَ مِنْ جُدَّةَ يَا خَالِدُ؟

خَالِدٌ : جِئْتُ أَمْسِ.

الْمُدَرِّسُ : أَجَاءَ إِبْرَاهِيمُ مَعَكَ؟

خَالِدٌ : لَا. لَمْ يَجِئْ بَعْدُ. سَيَجِيءُ الْيَوْمَ أَوْ غَدًا إِنْ شَاءَ اللهُ.

الْمُدَرِّسُ : أَزُرْتَ السَّفِيرَ؟

خَالِدٌ : ذَهَبْتُ إِلَى مَكْتَبِهِ وَلَمْ أَجِدْهُ. سَمِعْتُ أَنَّهُ لَمْ يَكُنْ فِي جُدَّةَ ذَاكَ الْيَوْمَ.

الْمُدَرِّسُ : يَا عَدْنَانُ، إِنَّكَ غِبْتَ أُسْبُوعَيْنِ. فَأَيْنَ كُنْتَ؟

عَدْنَانُ : كُنْتُ فِي الْمُسْتَشْفَى. كُنْتُ مَرِيضاً جِدًّا. وَاللهِ لَقَدْ كِدْتُ أَمُوتُ.

الْمُدَرِّسُ : وَاللهِ مَاعَرَفْتُ ذَلِكَ. لَمْ يَقُلْ لِي أَحَدٌ إِنَّكَ مَرِيضٌ وَ إِنَّكَ فِي الْمُسْتَشْفَى... كَيْفَ حَالُكَ الْآنَ؟ لَعَلَّكَ الْآنَ أَحْسَنُ.

عَدْنَانُ : الْحَمْدُ لِلّهِ. أَنَا الْآنَ أَحْسَنُ. وَلَكِنَّنِي لَا أَزَالُ ضَعِيفاً.

الْمُدَرِّسُ : شَفَاكَ اللهُ شِفَاءً كَامِلاً... يَا عُثْمَانُ. إِنَّكَ تَغِيبُ كَثِيراً. غِبْتَ يَوْمَيْنِ فِي هَذَا الْأُسْبُوعِ وَثَلَاثَةَ أَيَّامٍ فِي الْأُسْبُوعِ الْمَاضِي. لَا يَنْبَغِي لِطَالِبٍ أَنْ يَغِيبَ كَثِيراً.

عُثْمَانُ : لَمْ أَغِبْ ثَلَاثَةَ أَيَّامٍ فِي الْأُسْبُوعِ الْمَاضِي كَمَا قُلْتَ. إِنَّمَا غِبْتُ يَوْماً وَاحِداً فَقَطْ.

الْمُدَرِّسُ : لَا تَكْذِبْ يَا أَخِي. إِنَّكَ غِبْتَ يَوْمَ السَّبْتِ وَيَوْمَ الثُّلَاثَاءِ وَيَوْمَ الْأَرْبِعَاءِ.

عُثْمَانُ : أَنَا آسِفٌ يَا أُسْتَاذُ. لَنْ أَغِيبَ فِي الْمُسْتَقْبَلِ إِنْ شَاءَ اللهُ.

الْمُدَرِّسُ : قُمْ يَا آدَمُ. أَتَنَامُ فِي الْفَصْلِ؟

آدَمُ : أَنَا آسِفٌ يَا أُسْتَاذُ. غَلَبَنِي النَّوْمُ لِأَنَّنِي مَا نِمْتُ الْبَارِحَةَ.

الْمُدَرِّسُ : لِمَ لَمْ تَنَمْ؟

آدَمُ : كَانَ بِي صُدَاعٌ شَدِيدٌ فَلَمْ أَنَمْ بِسَبَبِهِ.

(يَرِنُّ الْجَرَسُ فَيَقُومُ الْمُدَرِّسُ)

سَعِيدٌ : يَا أُسْتَاذُ، أَنَا أُرِيدُ أَنْ أَزُورَكَ الْيَوْمَ بَعْدَ صَلَاةِ الْعَصْرِ.

الْمُدَرِّسُ : زُرْنِي غَدًا، فَإِنِّي مَشْغُولٌ الْيَوْمَ.

| تَـمَـارِينُ | EXERCISES |

Answer the following questions: ١- أَجِبْ عَنِ الْأَسْئِلَةِ الْآتِيَةِ:

(١) كَمْ أُسْبُوعًا غَابَ عَدْنَانُ؟

(٢) لِمَ كَانَ عَدْنَانُ غَائِبًا؟

(٣) كَمْ يَوْمًا غَابَ عُثْمَانُ فِي الْأُسْبُوعَيْنِ؟

(٤) لِمَ لَمْ يَنَمْ آدَمُ؟

Read these الْمُعْتَلُّ الْعَيْنِ verbs: ٢– هَذِهِ أَمْثِلَةٌ لِلْفِعْلِ (الْمُعْتَلِّ الْعَيْنِ):

(أ) قَالَ يَقُولُ. كَانَ يَكُونُ. زَارَ يَزُورُ. قَامَ يَقُومُ. ذَاقَ يَذُوقُ. طَافَ يَطُوفُ. صَامَ يَصُومُ. دَارَ يَدُورُ. تَابَ يَتُوبُ. بَالَ يَبُولُ.

(ب) جَاءَ يَجِيءُ. بَاعَ يَبِيعُ. سَارَ يَسِيرُ. عَاشَ يَعِيشُ. كَالَ يَكِيلُ.

(ج) نَامَ يَنَامُ. خَافَ يَخَافُ. كَادَ يَكَادُ. زَالَ يَزَالُ.

Examine the following: ٣– تَأَمَّلْ مَا يَلِي:

حَامِدٌ قَالَ	الطُّلاَّبُ قَالُوا
آمِنَةُ قَالَتْ	الطَّالِبَاتُ قُلْنَ
أَنْتَ قُلْتَ	أَنْتُم قُلْتُمْ
أَنْتِ قُلْتِ	أَنْتُنَّ قُلْتُنَّ
أَنَا قُلْتُ	نَحْنُ قُلْنَا

٤– أَسْنِدْ (قَامَ) وَ (زَارَ) وَ (كَانَ) إِلَى الضَّمَائِرِ كَمَا فِي التَّمْرِينِ السَّابِقِ.

Conjugate the verbs كَانَ ،زَارَ and قَامَ as shown in the previous exercise:

Read the following: ٥– اِقْرَأْ مَا يَلِي:

(١) زُرْنَا الْمُدَرِّسَ الْجَدِيدَ الْبَارِحَةَ.

(٢) أَذُقْتِ هَذَا الطَّعَامَ يَا أُخْتِي؟   نَعَمْ ذُقْتُهُ وَوَجَدْتُهُ لَذِيذاً جِدًّا.

(٣) ذَهَبْتُ إِلَى مَكَّةَ وَطُفْتُ بِالْكَعْبَةِ.

(٤) صُمْنَا يَوْمَ الاِثْنَيْنِ.

(٥) مَاذَا قُلْتَ لِحَامِدٍ يَا أَحْمَدُ؟   مَا قُلْتُ لَـهُ شَيْئًا.

(٦) مَتَى قُمْتُمْ مِنَ النَّوْمِ يَا أَبْنَائِي؟   قُمْنَا قَبْلَ أَذَانِ الْفَجْرِ.

(٧) بَالَ الطِّفْلُ فِي ثَوْبِي.

(٨) تُبْتُ إِلَى اللهِ.

(٩) كُنْتُ مُتْعَبًا الْيَوْمَ فَلَمْ أَذْهَبْ إِلَى الْمَدْرَسَةِ.

(١٠) زَارَنِي صَدِيقِي أَمْسِ وَزُرْتُهُ الْيَوْمَ.

---

٦ – تَأَمَّلْ مَا يَلِي:

Examine the following:

الطُّلَّابُ يَقُولُونَ	حَامِدٌ يَقُولُ
الطَّالِبَاتُ يَقُلْنَ	آمِنَةُ تَقُولُ
أَنْتُمْ تَقُولُونَ	أَنْتَ تَقُولُ
أَنْتُنَّ تَقُلْنَ	أَنْتِ تَقُولِينَ
نَحْنُ نَقُولُ	أَنَا أَقُولُ

---

٧ – أَسْنِدْ (يَقُومُ) وَ(يَطُوفُ) إِلَى الضَّمَائِرِ كَمَا فِي التَّمْرِينِ السَّابِقِ:

Conjugate the verbs يَطُوفُ and يَقُومُ as shown in the previous exercise:

Read the following: **٨ – اقْرَأْ مَا يَلِي:**

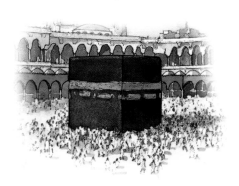

(١) أَنَا أَزُورُكَ وَأَنْتَ لَا تَزُورُنِي.

(٢) يَطُوفُ الْحُجَّاجُ بِالْكَعْبَةِ.

(٣) مَاذَا تَقُولِينَ يَا أُمِّي؟

(٤) أُرِيدُ أَنْ أَكُونَ مُدَرِّسًا.

54

(٥) الْبَنَاتُ يَزُرْنَ خَالَتَهُنَّ كُلَّ أُسْبُوعٍ.

(٦) قَالَ الطُّلاَّبُ لِمُدَرِّسِهِمْ: يَا أُسْتَاذُ، نَحْنُ نُرِيدُ أَنْ نَزُورَكَ غَدًا.

٩- تَأَمَّلْ مَا يَلِي: Examine the following:

يَقُولُ: لَمْ يَقُولْ ← لَمْ يَقُلْ. (لاَ يَلْتَقِي سَاكِنَانِ).

١٠- أَدْخِلْ (لَمْ) عَلَى الأَفْعَالِ الآتِيَةِ وَاضْبِطْهَا بِالشَّكْلِ:

Add لَمْ to these verbs and vocalize them:

يَكُونَ .... يَقُومُ .... يَبُولُ ....

يَزُورُ .... يَصُومُ .... يَتُوبُ ....

١١- أَجِبْ عَنِ الأَسْئِلَةِ الآتِيَةِ بِالنَّفْيِ مُسْتَعْمِلاً «لَمْ»:

Answer the following questions in the negative using لَمْ:

(١) أَزُرْتَ الْمُدِيرَ يَا عَلِيُّ؟ ....

(٢) أَقَامَ أَخُوكَ مِنَ النَّوْمِ؟ ....

(٣) أَبَالَ الطِّفْلُ فِي قَمِيصِكَ؟ ....

(٤) أَصُمْتِ أَمْسِ يَا عَائِشَةُ؟ ....

(٥) أَكُنْتَ فِي الْفَصْلِ فِي الْحِصَّةِ الأُولَى؟ ....

(٦) أَذُقْتِ هَذَا الطَّعَامَ يَا أُمِّي؟ ....

(٧) أَقُلْتَ هَكَذَا يَا عُمَرُ؟ ....

(٨) أَعَادَ أَخُوكِ مِنَ الرِّيَاضِ يَا سَلْمَى؟ ....

(٩) أَطُفْتَ بِالْكَعْبَةِ يَا أَخِي؟ ....

(١٠) أَكُنْتَ مَرِيضًا فِي الأُسْبُوعِ الْمَاضِي؟ ....

(١١) أَمَاتَ الْكَلْبُ؟ ....

Examine the following:

١٢ - تَأَمَّلْ مَا يَلِي:

تَقُولُ ← قُوْلْ ← قُلْ. (لا يَلْتَقِي سَاكِنَانِ).

١٣ - صُغِ الأَمْرَ مِنَ الأَفْعَالِ الآتِيَةِ:

Form أَمْرٌ from the following verbs:

تَكُونُ	تَقُومُ	تَصُومُ ....
تَعُودُ	تَطُوفُ	تَزُورُ ....
	تَذُوقُ	تَتُوبُ ....

Read the following:

١٤ - اِقْرَأْ مَا يَلِي:

(١) زُرْنِي غَدًا يَا مَحْمُودُ.

(٢) عُدْ بَعْدَ سَاعَةٍ.

(٣) قُمْ مِنْ هُنَا وَاجْلِسْ هُنَاكَ.

(٤) صُمْ غَدًا.

(٥) ذُقْ هَذَا الطَّعَامَ يَا أَخِي.

(٦) تُبْ إِلَى اللهِ أَيُّهَا الْمُسْلِمُ.

(٧) هُوَ لَا يَفْهَمُ الْعَرَبِيَّةَ. قُلْ لَـهُ هَذَا الْكَلَامَ بِلُغَتِهِ.

(٨) طُفْ بِالْكَعْبَةِ.

(٩) قَالَ اللهُ تَعَالَى لِرَسُولِهِ ﷺ: قُلْ: ﴿ لِلَّهِ الْمَشْرِقُ والْمَغْرِبُ ﴾.

Read and remember:

١٥ - تَأَمَّلْ مَا يَلِي:

لَا تَقُولْ ← لَا تَقُلْ.

١٦- أَدْخِلْ (لاَ النَّاهِيَة) عَلَى الأَفْعَالِ الآتِيَة: Add لاَ النَّاهِيَةُ to these verbs:

تَزُوْرُ .... تَقُوْمُ .... تَصُوْمُ ....

تَطُوْفُ .... تَبُوْلُ ....

١٧- اِقْرَأْ مَا يَلِي: Read the following:

(١) لاَ تَقُلْ هَكَذَا. (٢) لاَ تَزُرْنِي فِي الْمَسَاءِ.

(٣) لاَ تَطُفْ بِالقُبُورِ. (٤) لاَ تَصُمْ يومَ الْعِيد.

(٥) لاَ تَكُنْ كَسْلاَنَ يَا وَلَدُ. (٦) لاَ تَقُمْ مِنْ هُنَا.

١٨- تَأَمَّلْ مَا يَلِي: Examine the following:

حَامِدٌ بَاعَ	الرِّجَالُ بَاعُوا
آمِنَةُ بَاعَتْ	النِّسَاءُ بِعْنَ
أَنْتَ بِعْتَ	أَنْتُمْ بِعْتُمْ
أَنْتِ بِعْتِ	أَنْتُنَّ بِعْتُنَّ
أَنَا بِعْتُ	نَحْنُ بِعْنَا

١٩- أَسْنِدْ (جَاءَ) وَ(سَارَ) إِلَى الضَّمَائِرِ كَمَا فِي التَّمْرِينِ السَّابِقِ.

Conjugate the verbs جَاءَ and سَارَ as illustrated in the previous exercise:

٢٠- اِقْرَأْ مَا يَلِي: Read the following:

(١) غَابَ زَمِيلِي يَوْمًا، وَأَنَا غِبْتُ يَوْمَيْنِ.

(٢) مَتَى جِئْتَ إِلَى الْجَامِعَةِ؟ جِئْتُ فِي ذِي الْقَعْدَةِ.

(٣) بِكَمْ بِعْتَ سَيَّارَتَكَ يَا عَمْرُو؟ بِعْتُهَا بِثَمَانِيَةِ آلاَفِ رِيَالٍ.

(٤) عَاشَ رَسُولُ اللهِ صَلَّى اللهُ عَلَيْهِ وَسَلَّمَ بِمَكَّةَ وَبِالْمَدِينَةِ الْمُنَوَّرَةِ.

(٥) أَنَا مَاجِئْتُ بِالْكِتَابِ الْيَوْمَ يَا أُسْتَاذُ.

(٦) سِرْنَا كِيلُومِتْرَيْنِ.

(٧) أَجَاءَتِ الطَّالِبَاتُ؟   نَعَمْ. جِئْنَ قَبْلَ قَلِيلٍ.

٢١ – تَأَمَّلْ مَا يَلِي: Examine the following:

الرِّجَالُ يَبِيعُونَ	حَامِدٌ يَبِيعُ
النِّسَاءُ يَبِعْنَ	آمِنَةُ تَبِيعُ
أَنْتُمْ تَبِيعُونَ	أَنْتَ تَبِيعُ
أَنْتُنَّ تَبِعْنَ	أَنْتِ تَبِيعِينَ
نَحْنُ نَبِيعُ	أَنَا أَبِيعُ

٢٢ – أَسْنِدْ (يَسِيرُ) وَ (يَعِيشُ) إِلَى الضَّمَائِرِ كَمَا فِي التَّمْرِينِ السَّابِقِ:

Conjugate the verbs يَعِيشُ and يَسِيرُ as illustrated in the previous exercise:

Read the following: **٢٣ – اقْرَأْ مَا يَلِي:**

(١) يَبِيعُ الْبَقَّالُ السُّكَّرَ، وَالْمِلْحَ، وَالزَّيْتَ، وَالْبَيْضَ، وَالزُّبْدَ، وَالْجُبْنَ، وَالدَّقِيقَ، وَالْعَدَسَ، وَمَا إِلَى ذَلِكَ.

(٢) يَعِيشُ الْأَسَدُ فِي الْغَابَةِ.

(٣) مَتَى يَجِيءُ الْمُدِيرُ؟   يَجِيءُ فِي السَّاعَةِ الثَّامِنَةِ.

(٤) أَتُرِيدُ أَنْ تَبِيعَ سَيَّارَتَكَ يَا أُسْتَاذُ؟

(٥) قَالَتِ الْمُدَرِّسَةُ لِلْمُدِيرَةِ: هَؤُلَاءِ الطَّالِبَاتُ يَغِبْنَ كَثِيرًا.

(٦) يَسيرُ القِطَارُ بالبُخَارِ.

(٧) يَبيعُ الفَاكِهَانِيُّ الفَواكِهَ.

٢٤– تَأَمَّلْ مَا يَلِي: Examine the following:

يَبِيْعُ: لَمْ يَبِيْعْ ← لَمْ يَبِعْ. (لاَ يَلْتَقِي سَاكِنَانِ).

تَبِيْعُ: لا تَبِيْعْ ← لا تَبِعْ

تَبِيْعُ: بِيْعْ ← بِعْ.

٢٥– اِقْرَأْ مَا يَلِي: Read the following:

(١) أَيْنَ الْمُدِيرُ؟ لَمَّا يَجِئْ.

(٢) يَا عَلِيُّ، لاَ تَبِعْ هَذِهِ السَّيَّارَةَ، بِعْ تِلْكَ.

(٣) لاَ تَغِبْ كَثِيرًا يَا حَامِدُ.

(٤) أَبِعْتَ سَيَّارَتَكَ يَا سَيِّدِي؟ لاَ. لَمْ أَبِعْهَا.

تُكْتَبُ الْهَمْزَةُ فِي «يَجِيْءُ» بَعْدَ الْيَاءِ، وَفِي «لَمْ يَجِئْ» فَوقَ اليَاءِ.

Note that in the word يَجِيءُ the *hamzah* is written after the *yâ* and in لَمْ يَجِئْ above the *yâ*.

٢٦– تَأَمَّلْ مَا يَلِي: Examine the following:

حَامِدٌ نَامَ	الأَوْلاَدُ نَامُوا
آمِنَةُ نَامَتْ	الْبَنَاتُ نِمْنَ
أَنْتَ نِمْتَ	أَنْتُم نِمْتُمْ
أَنْتِ نِمْتِ	أَنْتُنَّ نِمْتُنَّ
أَنَا نِمْتُ	نَحْنُ نِمْنَا

٢٧ - أَسْنِدْ (خَافَ) وَ(كَادَ) إِلَى الضَّمَائِرِ كَمَا فِي التَّمْرِينِ السَّابِقِ.

Conjugate the verbs كَادَ and خَافَ as illustrated in the previous exercise:

٢٨ - اِقْرَأْ مَا يَلِي:

Read the following:

(١) نَامَ أَخِي فِي السَّاعَةِ الْعَاشِرَةِ، وَأَنَا نِمْتُ بَعْدَهُ بِقَلِيلٍ.

(٢) مَتَى نِمْتُنَّ الْبَارِحَةَ يَا أَخَوَاتِي؟   نِمْنَا بَعْدَ مُنْتَصَفِ اللَّيْلِ.

(٣) خِفْتُ الْبَرْدَ فَلَمْ أَخْرُجْ مِنَ الْبَيْتِ الْيَوْمَ.

(٤) لَمَّا سَمِعْتُ هَذَا الْخَبَرَ كِدْتُ أَبْكِي.

(٥) أَدَفْتَرُكَ هَذَا؟ ظَنَنْتُهُ دَفْتَرِي وَكِدْتُ أَكْتُبُ عَلَيهِ اسْمِي.

(٦) أَنَامَتِ الْبَنَاتُ؟   نَعَمْ. نِمْنَ قَبْلَ قَلِيلٍ.

(٧) نِمْتُ الْبَارِحَةَ مُبَكِّرًا.

٢٩ - تَأَمَّلْ مَا يَلِي:

Examine the following:

الأَوْلَادُ يَنَامُونَ	حَامِدٌ يَنَامُ
الْبَنَاتُ يَنَمْنَ	آمِنَةُ تَنَامُ
أَنْتُمْ تَنَامُونَ	أَنْتَ تَنَامُ
أَنْتُنَّ تَنَمْنَ	أَنْتِ تَنَامِينَ
نَحْنُ نَنَامُ	أَنَا أَنَامُ

٣٠ - أَسْنِدْ (يَخَافُ) وَ(يَشَاءُ) إِلَى الضَّمَائِرِ كَمَا فِي التَّمْرِينِ السَّابِقِ:

Conjugate the verbs يَشَاءُ and يَخَافُ as illustrated in the previous exercise:

Read the following: ٣١- اِقْرَأْ مَا يَلِي:

(١) أَخِي الصَّغِيرُ يَنَامُ مُبَكِّرًا، أَمَّا أَنَا فَأَنَامُ بَعْدَ مُنْتَصَفِ اللَّيْلِ.

(٢) مَتَى تَنَامِينَ يَا خَدِيجَةُ؟ أَنَامُ فِي السَّاعَةِ العَاشِرَةِ وَالنِّصْفِ.

(٣) أَتَنَامُونَ بَعْدَ الغَدَاءِ يَا إِخْوَانُ؟ نَعَمْ، نَنَامُ لِمُدَّةِ نِصْفِ ساعةٍ.

(٤) أَلاَ تَخَافُ اللَّهَ يَا رَجُلُ؟ بَلَى، أَخَافُهُ.

(٥) قَالَ الطَّالِبُ الْجَدِيدُ لِلمُدَرِّسِ: أَيْنَ أَجْلِسُ يَا أُسْتَاذُ؟ قَالَ لَهُ الْمُدَرِّسُ: اِجْلِسْ حَيْثُ تَشَاءُ.

(٦) قَالَ اللهُ تَعَالَى فِي الْقُرْآنِ الْكَرِيمِ: ﴿لِلَّهِ مُلْكُ السَّمَاوَاتِ وَالأَرْضِ يَخْلُقُ مَا يَشَاءُ﴾.

[الشُّورَى ٤٩]

(٧) هُوَ يَخَافُنِي.

Examine the following: ٣٢- تَأَمَّلْ مَا يَلِي:

يَنَامُ : لَمْ يَنَامْ ← لَمْ يَنَمْ (لاَ يَلْتَقِي سَاكِنَانِ)

تَنَامُ : نَامْ ← نَمْ.

تَنَامُ : لا تَنَامْ ← لا تَنَمْ.

Read the following: ٣٣- اِقْرَأْ مَا يَلِي:

(١) نَامَ زُمَلاَئِي وَلَمْ أَنَمْ. (٢) لاَ تَنَمْ فِي الْفَصْلِ يَا أَحْمَدُ.

(٣) خَفْ رَبَّكَ. (٤) لاَ تَخَفْ. سَيَكُونُ الاِمْتِحَانُ سَهْلاً.

(٥) يَا عُثْمَانُ، أَنْتَ نَعْسَانُ. أَلَمْ تَنَمْ بِاللَّيْلِ؟ بَلَى، نِمْتُ. وَلَكِنْ نِمْتُ سَاعَةً فَقَطْ.

٣٤- اِقْرَأِ الكَلِمَاتِ الآتِيَةَ وَاكْتُبْهَا مَعَ ضَبْطِ الْحَرْفِ الأَوَّلِ:

Vocalize the following words:

قل. بع. زر. ذق. خف. قم. نم. صم. سر. كن.

قَالَ يَقُوْلُ (ا/و)	أَنْتَ قُلْتَ. أَنَا قُلْتُ	(ـُ)	الأَمْرُ : قُلْ
بَاْعَ يَبِيْعُ (ا/ي)	أَنْتَ بِعْتَ. أَنَا بِعْتُ	(ـِ)	الأَمْرُ : بِعْ
نَامَ يَنَامُ (ا/ا)	أَنْتَ نِمْتَ. أَنَا نِمْتُ	(ـِ)	الأَمْرُ : نَمْ

الكَلِمَاتُ الْجَدِيدَةُ: New words:

كَامِلٌ — صُدَاعٌ — مَشْغُولٌ — ذُو القَعْدَةِ

مِلْحٌ — زَيْتٌ — جُبْنٌ — دَقِيقٌ

عَدَسٌ — بَقَّالٌ — بَيْضَةٌ (ج بَيْضٌ) — غَابَةٌ

قِطَارٌ — بُخَارٌ — فَاكِهَانِيٌّ — غَدَاءٌ

مُنْتَصَفُ اللَّيْلِ — حَيْثُ — يَنْبَغِي — لَايَنْبَغِي

غَلَبَ (يَغْلِبُ) — كَذَبَ (يَكْذِبُ)

POINTS TO REMEMBER

In this lesson, we learn the following:

1) The *mu'tall al-'ain* or *ajwaf* verbs: As we have seen earlier, these verbs have و or ي as the second radical, e.g.:

قَالَ يَقُولُ، زَارَ يَزُورُ؛ بَاعَ بَبِيعُ، سَارَ يَسِيرُ؛ نَامَ يَنَامُ، خَافَ يَخَافُ

These verbs have undergone certain changes as explained below:

قَالَ is originally قَوَلَ and يَقُولُ is originally يَقْوُلُ.

سَارَ is originally سَيَرَ and يَسِيرُ is originally يَسْيِرُ.

نَامَ is originally نَوِمَ and يَنَامُ is originally يَنْوَمُ.

These verbs undergo some more changes at the time of their *isnâd* to *mutaharrik* pronouns.[1]

These changes are as follows:

In the *mâdî*

a) If the *ajwaf* verb is of a-u group, the first radical takes *dammah* at the time of its *isnâd* to *mutaharrik* pronouns, e.g.:

قُلْنَ، قُلْتَ، قَلْتُمْ، قُلْتِ، قُلْتُنَّ، قُلْتُ، قُلْنَا

as against the original *fathah* in قَالَ، قَـــالُوا، قَالَـــتْ (q**â**la, q**â**lû, q**â**lat, but q**u**lta, q**u**ltu, q**u**lnâ, etc.)

If the verb is of a-i or i-a groups, the first radical takes *kasrah,* e.g.:

سِرْنَ، سِرْتَ، سِرْتِ، سِرْتُنَّ، سِرْتُ، سِرْنَا (s**â**ra, s**â**rat, s**â**rû, but s**i**rta, etc.)

نِمْنَ، نِمْتَ، نِمْتُمْ، نِمْتِ، نِمْتُنَّ، نِمْتُ، نِمْنَا (n**â**ma, n**â**mû, but n**i**mta etc.).

---

[1] A *mutaharrik* pronoun is a pronon which is followed by a vowel like تُ، نَ and a *sâkin* pronoun is vowelless like the وْ in ذَهَبُوْا. All the pronouns in the *mâdi* are *mutaharrik* except those in ذَهَبَ، ذَهَبُوا، ذَهَبَتْ. In the *mudâri',* only the ن is *mutaharrik,* and it is in يَذْهَبْنَ and تَذْهَبْنَ.

b) The second radical is omitted as can be seen in the above examples.

In the *mu<u>d</u>âri'*

In the *mu<u>d</u>âri' marfû':*

The second radical is omitted at the time of its *isnâd* to the *muta<u>h</u>arrik* pronouns:

يَقُلْنَ، تَقُلْنَ؛ يَسِرْنَ، تَسِرْنَ؛ يَنَمْنَ، تَنَمْنَ

In the *mu<u>d</u>âri' majzûm:*

The second radical is omitted in the following four forms in addition to the two mentioned under the *mu<u>d</u>âri' marfû':*

يَفْعَلُ: لَمْ يَقُلْ	لَمْ يَسِرْ	لَمْ يَنَمْ
تَفْعَلُ: لَمْ تَقُلْ	لَمْ تَسِرْ	لَمْ تَنَمْ
أَفْعَلُ: لَمْ أَقُلْ	لَمْ أَسِرْ	لَمْ أَنَمْ
نَفْعَلُ: لَمْ نَقُلْ	لَمْ نَسِرْ	لَمْ نَنَمْ

This omission is due to اِلْتِقاءُ السَّاكِنَيْنِ.

لَمْ يَقُلْ is originally لَمْ يَقُوْلْ. Here both the *wâw* and the *lâm* are *sâkin* (vowelless). So the weak letter *wâw* is omitted.

لَمْ يَسِرْ is originally لَمْ يَسِيْرْ. Here both the *yâ* and the *râ* are *sâkin*. So the weak letter *yâ* is omitted.

لَمْ يَنَمْ is originally لَمْ يَنَاْمْ. Here both the *alif* and the *mîm* are *sâkin*. So the weak letter *alif* is omitted.

In the *amr*

a) The second radical is omitted at the time of the *isnâd* of the verb to the *mustatir* and *muta<u>h</u>arrik* pronouns:

قُلْ	قُولُوا؛ قُوْلِي	قُلْنَ
سِرْ	سِيْرُوا؛ سِيْرِي	سِرْنَ
نَمْ	نَامُوا؛ نَامِي	نَمْنَ

b) There is no need to add *hamzat al-wasl* at the beginning of the *amr* as it does not commence with a *sâkin* letter.

From تَقُــوْلُ we get قُــوْلْ after omitting the initial *ta* and the final *dammah*, and قُــوْلْ is changed to قُلْ because of الْتِقَاءُ السَّاكِنَيْنِ.

From تَسِيْرُ we get سِيْرْ which is changed to سِرْ.

From تَنَامُ we get نَامْ which is changed to نَمْ.

2) وَاللهِ لَقَدْ كِدْتُ أَمُوتُ 'By Allah, I almost died.'

After a *qasam* (oath) the affirmative *mâdî* should be emphasized with لَقَــدْ. The negative *mâdi* needs no emphasis. Here are some more examples:

وَاللهِ لَقَدْ رَأَيْتُهُ فِي السُّوقِ. 'By Allah! I saw him in the market.'

وَاللهِ لَقَدْ سَمِعْتُ هذا الْخَبَرَ مِنْ كَثِيرٍ مِنَ الناسِ. 'By Allah! I heard this news from many people.'

But:

وَاللهِ مَا أَكَلْتُ شَيْئًا. 'By Allah! I ate nothing.'

وَاللهِ مَا كَتَبْتُ هَذَا. 'By Allah! I did not write this.'

Note the *wâw* in وَاللهِ is a preposition, and so the following noun is *majrûr*.

3) ظَنَنْتُهُ دَفْتَرِي 'I thought it to be my notebook.'

The verb ظَنَّ takes two objects, and both are in the *mansûb*, e.g.:

الْجَوُّ جَمِيلٌ.	'The weather is fine.'	→ أَظُنُّ الْجَوَّ جَمِيلاً.
البَابُ مُغْلَقٌ.	'The door is closed.'	→ أَظُنُّ البَابَ مُغْلَقًا.
الامْتِحَانُ بَعِيدٌ.	'The examination is far.'	→ أَظُنُّ الامْتِحَانَ بَعِيدًا.
أَنْتَ طَبِيبٌ.	'You are a doctor.'	→ أَظُنُّكَ طَبِيبًا.

We can also say: الْجَوُّ جَمِيلٌ → أَظُنُّ أَنَّ الْجَوَّ جَمِيلٌ

4) اِجْلِسْ حَيْثُ تَشَاءُ 'Sit where you wish.'

65

5) Note that in يَجِيءُ the *hamzah* is written after the *yâ*, because both the *yâ* and the *hamzah* are pronounced. But in لَمْ يَجِئْ, the *hamzah* is written above the *yâ*. Here only the *hamzah* is pronounced, and the *yâ* is only a chair for the *hamzah*.

6) شَفَاكَ اللهُ شِفَاءً كَامِلاً 'May Allah grant you complete health.'

7) لاَ يَنْبَغِي 'It is not proper', 'it is not becoming', e.g.:

لاَ يَنْبَغِي لِلطَّالِبِ أَنْ يَغِيبَ. ' It is not proper for a student to be absent.'

لاَ يَنْبَغِي لَكَ أَنْ تَقُولَ هَذَا. 'It is not becoming of you to say this.'

8) The verb مَاتَ comes in two groups:

a) i-a group: مَاتَ يَمَاتُ like نَامَ يَنَامُ. With a *mutaharrik* pronoun, the first radical has *kasrah* in the *mâdi:* مِتُّ، مِتْنَا. In the Qur'ân, مِتُّ occurs nine times.

b) a-u group: مَاتَ يَمُوتُ like قَالَ يَقُولُ. With a *mutaharrik* pronoun, the first radical has *dammah* in the *mâdi:* مُتُّ، مُتْنَا. In the Qur'ân, مُتُّ occurs twice.

But in the *mudâri',* only يَمُوتُ occurs in the Qur'ân.

VOCABULARY

قَالَ يَقُولُ	(a-u) to say, to tell
كَانَ يَكُونُ	(a-u) to be
زَارَ يَزُورُ	(a-u) to visit
قَامَ يَقُومُ	(a-u) to get up
ذَاقَ يَذُوقُ	(a-u) to taste
طَافَ يَطُوفُ	(a-u) to go round
سَارَ يَسِيرُ	(a-i) to walk
كَالَ يَكِيلُ	(a-i) to measure
خَافَ يَخَافُ	(i-a) to fear, to be afraid of
زَالَ يَزَالُ	(i-a) to cease to do
كَذَبَ يَكْذِبُ	(a-i) to tell a lie
أَسَدٌ (ج أُسُودٌ)	lion
غَدَاءٌ	lunch
كَامِلٌ	complete
مِلْحٌ	salt
قِطَارٌ	train
غَابَةٌ	forest
دَقِيقٌ	flour
صَامَ يَصُومُ	(a-u) to fast
دَارَ يَدُورُ	(a-u) to turn
تَابَ يَتُوبُ	(a-u) to repent
بَالَ يَبُولُ	(a-u) to urinate
جَاءَ يَجِيءُ	(a-i) to come
بَاعَ يَبِيعُ	(a-i) to sell
عَاشَ يَعِيشُ	(a-i) to live
نَامَ يَنَامُ	(i-a) to sleep
كَادَ يَكَادُ	(i-a) to be about to do
غَلَبَ يَغْلِبُ	(a-i) to overcome
لاَ يَزَالُ يَدْرُسُ	he is still studying
عَدَسٌ	lentil
بُخَارٌ	steam
مَشْغُولٌ	busy
جُبْنَةٌ	cheese
بَيْضَةٌ	egg (pl. بَيْضٌ)
فَاكِهَانِيٌّ	fruit seller

الدَّرْسُ الثَّامِنُ

LESSON 8

إِبْرَاهِيمُ : مَاذَا تَفْعَلِينَ يَا بِنْتِي؟

سُعَادُ : أَكْوِي الثِّيَابَ الَّتِي غَسَلْنَاهَا أَمْسِ.

إِبْرَاهِيمُ : أَكَوَيْتِ القَمِيصَ الأَبْيَضَ؟

سُعَادُ : نَعَمْ، كَوَيْتُهُ.

إِبْرَاهِيمُ : وَالْقَمِيصَ الأَخْضَرَ؟

سُعَادُ : لاَ، لَمْ أَكْوِهِ بَعْدُ. سَأَكْوِيهِ الآنَ إِنْ شَاءَ اللهُ.

إِبْرَاهِيمُ : وَالْمَنَادِيلُ أَكَوَيْتِهَا؟

سُعَادُ : أُمِّي كَوَتْهَا فِي الصَّبَاحِ.

إِبْرَاهِيمُ : أَتُرِيدِينَ أَنْ تَقُولِي لِي شَيْئاً.

سُعَادُ : نَعَمْ، إِنَّ زَمِيلَتِي سَلْوَى دَعَتْنِي إِلَى بَيْتِهَا هَذَا الْمَسَاءَ فَأَرْجُو أَنْ تَسْمَحَ لِي بِالذَّهَابِ إِلَى بَيْتِهَا بَعْدَ صَلَاةِ الْعَصْرِ.

إِبْرَاهِيمُ : اذْهَبِي وَارْجِعِي بَعْدَ صَلَاةِ الْمَغْرِبِ.

آمنةُ : يَا أَبَا مُحَمَّدٍ، تَعَالَ هُنَا وَانْظُرْ. إِنَّ مُحَمَّدًا يَجْرِي عَلَى السُّلَّمِ. أَخْشَى أَنْ يَقَعَ.

إِبْرَاهِيمُ : لَا تَجْرِ يَا مُحَمَّدُ. تَعَالَ هُنَا. مَا هَذَا بِيَمِينِكَ؟ أَرِنِي ... ارْمِ هَذَا. هَذَا تُرَابٌ.

(يَدْخُلُ مَحْمُودٌ)

مَحْمُودٌ : السَّلَامُ عَلَيْكُمْ.

إِبْرَاهِيمُ : وَعَلَيْكُمُ السَّلَامُ. جِئْتَ الْيَوْمَ مُتَأَخِّرًا يَا مَحْمُودُ. فَمَا السَّبَبُ؟

مَحْمُودٌ : شَكَوْتُ الْيَوْمَ أَحَدَ زُمَلَائِي إِلَى الْمُدِيرِ. فَطَلَبَنَا إِلَى مَكْتَبِهِ لِلتَّحْقِيقِ.

إِبْرَاهِيمُ : لِمَ شَكَوْتَهُ؟

مَحْمُودٌ : لِأَنَّهُ دَائِماً يَأْخُذُ كُتُبِي وَدَفَاتِرِي وَيَطْوِي أَوْرَاقَهَا.

إِبْرَاهِيمُ : مَا هَذِهِ الْحَلَاوَى الَّتِي مَعَكَ؟ أَهَدِيَّةٌ هَذِهِ أَمْ اشْتَرَيْتَهَا؟

مَحْمُودٌ : اشْتَرَيْتُهَا لِأَنَّنِي أُرِيدُ أَنْ أَدْعُوَ ثَلَاثَةً مِنْ زُمَلَائِي إِلَى بَيْتِنَا غَدًا.

إِبْرَاهِيمُ : أُدْعُهُمْ لِتَنَاوُلِ الْعَشَاءِ بَعْدَ غَدٍ، فَسَيَكُونُ عَمُّكَ مُوسَى أَيْضًا مَعَنَا إِنْ شَاءَ اللهُ.

تَـــمَارِينُ EXERCISES

١ – أَجِبْ عَنِ الْأَسْئِلَةِ الْآتِيَةِ: Answer the following questions:

(١) مَاذَا تَفْعَلُ سُعَادُ؟

(٢) مَنْ كَوَى الْمَنَادِيلَ؟

(٣) مَا اسْمُ الزَّمِيلَةِ الَّتِي دَعَتْ سُعَادَ إِلَى بَيْتِهَا؟

(٤) أَسَمَحَ لَهَا أَبُوهَا بِالذَّهَابِ إِلَى بَيْتِهَا؟

(٥) إِلَى مَنْ شَكَا مَحْمُودٌ زَمِيلَهُ؟

(٦) لِمَ اشْتَرَى مَحْمُودٌ الْحَلْوَى؟

٢- هَذِهِ أَمْثِلَةٌ لِلْفِعْلِ (الْمُعْتَلِّ اللاَّمِ):

Read these الْمُعْتَلُّ اللاَّمِ verbs:

(أ) كَوَى يَكْوِي. مَشَى يَمْشِي. جَرَى يَجْرِي. رَمَى يَرْمِي. بَكَى يَبْكِي.

(ب) دَعَا يَدْعُو. شَكَا يَشْكُو. تَلاَ يَتْلُو. مَحَا يَمْحُو. عَفَا يَعْفُو.

٣- تَأَمَّلِ الأَمْثِلَةَ، ثُمَّ اكْتُبْ الْمُضَارِعَ الْمَرْفُوعَ وَالْمُضَارِعَ الْمَجْزُومَ وَالأَمْرَ مِنَ الأَفْعَالِ الآتِيَةِ:

After a careful reading of the examples, form مُضَارِعٌ مَنْصُوبٌ, مُضَارِعٌ مَرْفُوعٌ and أَمْرٌ from the verbs given below:

الْمَاضِي	الْمُضَارِعُ الْمَرْفُوعُ	الْمُضَارِعُ الْمَجْزُومُ	الأَمْرُ
بَكَى	يَبْكِي (أصله يَبْكِيُ)	لَمْ يَبْكِ	اِبْكِ
مَشَى	يَمْشِي	لَمْ يَمْشِ	اِمْشِ
كَوَى	يَكْوِي	لَمْ يَكْوِ	اِكْوِ
جَرَى	....	....	....
رَمَى	....	....	....
بَنَى	....	....	....
سَقَى	....	....	....

تُحْذَفُ لاَمُ الْفِعْلِ الْمُعْتَلِّ اللاَّمِ فِي الْمُضَارِعِ الْمَجْزُومِ وَفِي الأَمْرِ.

In the *al-mu'tall al-lâm* verbs the third radical is omitted in the *al-mudâri' al-majzûm* and *amr*.

Read the following: ٤ – اِقْرَأْ مَا يَلِي:

(١) بَنَى إِبْرَاهِيمُ عَلَيْهِ السَّلَامُ الْكَعْبَةَ. (٢) لِمَاذَا تَجْرِي يَا وُلَيْدُ؟

(٣) لَا تَرْمِ الْقُمَامَةَ فِي الشَّارِعِ يَا أَخِي. (٤) اسْقِنِي مَاءً بَارِدًا.

(٥) لَا تَبْنِ بَيْتَكَ فِي هَذِهِ الْقَرْيَةِ. (٦) لَمْ يَأْتِ الْمُدِيرُ الْيَوْمَ.

(٧) لِمَاذَا يَبْكِي الطِّفْلُ يَا آمِنَةُ؟ (٨) اجْرِ يَا وَلَدُ.

(٩) اجْرِي يَا بِنْتُ. (١٠) (اهْدِنَا الصِّرَاطَ الْمُسْتَقِيمَ).

(١١) لَا تَمْشِ فِي الشَّمْسِ.

(١٢) أَكَوَيْتِ الْقُمْصَانَ يَا أُمِّي؟ لَا، لَمْ أَكْوِهَا بَعْدُ.

(١٣) اكْوِ هَذَا الْقَمِيصَ وَلَا تَكْوِ ذَلِكَ فَإِنَّهُ مُمَزَّقٌ.

(١٤) بِكَمِ اشْتَرَيْتَ هَذِهِ السَّاعَةَ الْجَمِيلَةَ يَا عَبْدَ اللهِ؟ أَنَا لَمْ أَشْتَرِهَا. إِنَّهَا هَدِيَّةٌ مِنْ خَالِي.

(١٥) لَا تَشْتَرِ هَذِهِ السَّيَّارَةَ يَا أَحْمَدُ فَإِنَّهَا قَدِيمَةٌ جِدًّا.

(١٦) قَالَ اللهُ عَزَّ وَجَلَّ فِي سُورَةِ الْفِيلِ: ﴿أَلَمْ تَرَ كَيْفَ فَعَلَ رَبُّكَ بِأَصْحَابِ الْفِيلِ؟﴾.

٥ – تَأَمَّلِ الْمِثَالَ، ثُمَّ اكْتُبِ الْمُضَارِعَ الْمَرْفُوعَ وَالْمُضَارِعَ الْمَجْزُومَ وَالْأَمْرَ مِنَ الْأَفْعَالِ الْآتِيَةِ:

After a careful reading of the examples, form مُضَارِعٌ مَنْصُوبٌ ,مُضَارِعٌ مَرْفُوعٌ **and** أَمْرٌ **from the following verbs:**

الْأَمْرُ	الْمُضَارِعُ الْمَجْزُومُ	الْمُضَارِعُ الْمَرْفُوعُ	الْمَاضِي
أُدْعُ	لَمْ يَدْعُ	يَدْعُو (أَصْلُهُ: يَدْعُوُ)	دَعَا
....	....	....	شَكَا
....	....	....	تَلَا
....	....	....	مَحَا
....	....	....	عَفَا

71

٦- اِقْرَأْ مَا يَلِي: Read and remember:

(١) شَكَانِي زَمِيلِي إِلَى الْمُدَرِّسِ، وَأَنَا شَكَوْتُهُ إِلَى الْمُدِيرِ.

(٢) تَلاَ الإِمَامُ سُورَةَ الْفِيلِ فِي الرَّكْعَةِ الأُولَى وَسُورَةَ الإِخْلاَصِ فِي الرَّكْعَةِ الثَّانِيَةِ.

(٣) اُتْلُ سُورَةَ الرَّحْمَنِ يَا عَلِيُّ.

(٤) دَعَوْتُ صَدِيقِي إِلَى قَرْيَتِي.

(٥) لَمْ يَشْكُنِي الْمُدِيرُ إِلَى أَبِي.

(٦) قَالَ الْمُدَرِّسُ لِلطَّالِبِ عَفَوْتُ عَنْكَ.

(٧) لِمَ تَمْحُو هَذِهِ الْكَلِمَةَ؟ هِيَ صَحِيحَةٌ. اُمْحُ الَّتِي بَعْدَهَا.

(٨) أَيَّ سُورَةٍ تَتْلِينَ يَا أُمَّ كُلْثُومٍ؟ أَتْلُو سُورَةَ يس.

(٩) نَدْعُو اللهَ أَنْ يَشْفِيَكَ.

(١٠) أَشَكَوْتَنِي إِلَى الْمُدِيرِ يَا حَمْزَةُ؟ لاَ، لَمْ أَشْكُكَ.

(١١) قَالَ نُوحٌ عَلَيْهِ السَّلاَمُ (رَبِّ إِنِّي دَعَوْتُ قَوْمِي لَيْلاً وَنَهَاراً) كَمَا جَاءَ فِي سُورَةِ نُوحٍ (٥).

(١٢) قَالَ اللهُ تَعَالَى فِي سُورَةِ الْبَقَرَةِ (٢٢١): ﴿أُولَئِكَ يَدْعُونَ إِلَى النَّارِ وَاللَّهُ يَدْعُو إِلَى الْجَنَّةِ...﴾.

(١٣) وَقَالَ فِي سُورَةِ يونس (٢٥): ﴿وَاللَّهُ يَدْعُو إِلَى دَارِ السَّلاَمِ﴾.

(١٤) وَقَالَ فِي سُورَةِ الْقَصَصِ (٨٨): ﴿وَلاَ تَدْعُ مَعَ اللَّهِ إِلَهاً آخَرَ﴾.

٧- أَسْنِدْ الأَفْعَالَ الآتِيَةَ إِلَى الغَائِبَةِ ثُمَّ الْمُتَكَلِّمِ كَمَا هُوَ مُوَضَّحٌ فِي الْمِثَالِ:

Write the *isnâd* of the following verbs to the pronouns of the third person femine singular and the first person singular as shown in the example:

حَامِدٌ بَكَى	آمِنَةُ بَكَتْ	أَنَا بَكَيْتُ
حَامِدٌ رَمَى	....	....
حَامِدٌ أَتَى	....	....
حَامِدٌ جَرَى	....	....
حَامِدٌ كَوَى	....	....
حَامِدٌ دَعَا	آمِنَةُ دَعَتْ	أَنَا دَعَوْتُ
حَامِدٌ شَكَا	....	....
حَامِدٌ رَجَا	....	....
حَامِدٌ تَلاَ	....	....
حَامِدٌ مَحَا	....	....

«بَكَتْ» أَصْلُهُ: بَكَاتْ. حُذِفَتْ مِنْهُ الألِفُ بِسَبَبِ الْتِقَاءِ السَّاكِنَيْنِ

The word بَكَتْ is originally بَكَاتْ, but has lost the *alif* because of الْتِقَاءُ السَّاكِنَيْنِ

٨- أَجِبْ عَنِ الأَسْئِلَةِ الآتِيَةِ بِالنَّفْيِ مُسْتَعْمِلاً «لَمْ»:

Answer the following questions in the negative using لَمْ:

(١) أَبَكَى الطِّفْلُ؟

(٢) أَكَوَيْتَ الْقَمِيصَ؟

(٣) أَشَكَاكَ الْمُدَرِّسُ إِلَى الْمُدِيرِ؟

(٤) أَدَعَوْتَ زَمِيلَكَ إِلَى الْبَيْتِ؟

(٥) أَبَنَيْتَ بَيْتًا جَدِيدًا؟

(٦) أَمَحَوْتَ اسْمِي مِنْ دَفْتَرِكَ؟

(٧) أَأَتَى الْمُدِيرُ؟

(٨) أَرَمَيْتَ الْقُمَامَةَ فِي الشَّارِعِ؟

(٩) أَرَأَيْتَ عَلِيًّا فِي الْفَصْلِ؟

٩- أَدْخِلْ (لاَ النَّاهِيَةَ) عَلَى الْفِعْلِ الَّذِي بَيْنَ قَوسَيْنِ أَمَامَ كُلِّ جُمْلَةٍ ثُمَّ أَكْمِلْ بِهِ الْجُمْلَةَ:

Add لاَ النَّاهِيَةُ to the verbs in the brackets then complete the sentences using them:

(١) .... نِي إِلَى الْمُدِيرِ يَا أُسْتَاذُ. (تَشْكُو)

(٢) .... الْمَسْجِدَ فِي هَذَا الشَّارِعِ. (تَبْنِي)

(٣) ....يَا وَلَدُ. (تَبْكِي)

(٤) ....هَذِهِ الْوَرَقَةَ يَا أَخِي. (تَطْوِي)

(٥) ....فِي الشَّارِعِ يَا وَلَدُ. (تَجْرِي)

(٦) ....هَذِهِ الْكَلِمَةَ يَا أَحْمَدُ. (تَمْحُو)

(٧) ....مَعَ اللَّهِ إِلهاً آخَرَ. (تَدْعُو)

(٨) ....فِي الشَّمْسِ يَا مُحَمَّدُ. (تَمْشِي)

١٠- تَأَمَّلْ مَا يَلِي:

Examine the following:

نَسِيَ يَنْسَى	لَمْ يَنْسَ	اِنْسَ
خَشِيَ يَخْشَى	لَمْ يَخْشَ	اِخْشَ
بَقِيَ يَبْقَى	لَمْ يَبْقَ	اِبْقَ

١١- اِقْرَأْ مَا يَلِي: Read the following:

(١) أَبَقِيَ مِنَ الطَّعَامِ شَيْءٌ؟ لاَ، لَمْ يَبْقَ مِنْهُ شَيْءٌ.

(٢) ذَهَبَتْ أُمِّي إِلَى مَكَّةَ وَبَقِيَتْ هُنَاكَ شَهْرَيْنِ.

(٣) لاَ تَنْسَ مَا قُلْتُ لَكَ.

(٤) نَسِيتُ مَعْنَى هَذِهِ الْكَلِمَةِ.

(٥) اِخْشَ اللَّهَ وَلاَ تَخْشَ أَحَداً غَيْرَهُ.

(٦) أَنَا أَنْسَى كَثِيرًا.

(٧) مَا حَضَرَ طَلْحَةُ مُنْذُ أُسْبُوعَيْنِ. أَخْشَى أَنْ يَكُونَ مَرِيضًا.

(٨) قَالَ النَّبِيُّ ﷺ: يَتْبَعُ الْمَيِّتَ ثَلاَثَةٌ: أَهْلُهُ وَمَالُهُ وَعَمَلُهُ. فَيَرْجِعُ اثْنَانِ وَيَبْقَى وَاحِدٌ. يَرْجِعُ أَهْلُهُ وَمَالُهُ وَيَبْقَى عَمَلُهُ.

حَامِدٌ مَشَى: آمِنَةُ مَشَتْ. حَامِدٌ نَسِيَ: آمِنَةُ نَسِيَتْ.

١٢- إِسْنَادُ (مَشَى) إِلَى الضَّمَائِرِ: The conjugation of مَشَى:

حَامِدٌ مَشَى	الأَوْلاَدُ مَشَوْا (أَصْلُهُ: مَشَيُوْا)
آمِنَةُ مَشَتْ (أَصْلُهُ: مَشَاتْ)	الْبَنَاتُ مَشَيْنَ
أَنْتَ مَشَيْتَ	أَنْتُمْ مَشَيْتُمْ
أَنْتِ مَشَيْتِ	أَنْتُنَّ مَشَيْتُنَّ
أَنَا مَشَيْتُ	نَحْنُ مَشَيْنَا

١٣- إِسْنَادُ (يَمْشِي) إِلَى الضَّمَائِرِ: The conjugation of يَمْشِي:

حَامِدٌ يَمْشِي	الأَوْلاَدُ يَمْشُونَ (أَصْلُهُ: يَمْشِيُونَ)
آمِنَةُ تَمْشِي	الْبَنَاتُ يَمْشِينَ

أَنْتَ تَمْشِي — أَنْتُم تَمْشُونَ (أَصْلُهُ: تَمْشِيُونَ)

أَنْتِ تَمْشِينَ (أَصْلُه: تَمْشِيِـــيْـــنَ) — أَنْتُنَّ تَمْشِينَ

أَنَا أَمْشِي — نَحْنُ نَمْشِي

١٤– إِسْنَادُ فِعْلِ الأَمْرِ مِنْ (مَشَى) إِلَى الضَّمَائِرِ:

The conjugation of the أَمْر from مَشَى:

امْشِ يَا حَامِدُ — امْشُوا يَا أَوْلَادُ — امْشِي يَا آمِنَةُ — امْشِينَ يَا بَنَاتُ

١٥– إِسْنادُ (نَسِيَ) إِلَى الضَّمَائِرِ:

The conjugation of نَسِيَ:

حَامِدٌ نَسِيَ — الأَوْلَادُ نَسُوا (أَصْلُهُ: نَسِيُوا)

آمِنَةُ نَسِيَتْ — الْبَنَاتُ نَسِينَ

أَنْتَ نَسِيتَ — أَنْتُم نَسِيتُمْ

أَنْتِ نَسِيتِ — أَنْتُنَّ نَسِيتُنَّ

أَنَا نَسِيْتُ — نَحْنُ نَسِينَا

١٦– إِسْنَادُ (يَنْسَى) إِلَى الضَّمَائِرِ:

The conjugation of يَنْسَى:

حَامِدٌ يَنْسَى — الأَوْلَادُ يَنْسَوْنَ (أَصْلُهُ: يَنْسَيُونَ)

آمِنَةُ تَنْسَى — الْبَنَاتُ يَنْسَيْنَ

أَنْتَ تَنْسَى — أَنْتُم تَنْسَوْنَ (أَصْلُهُ: تَنْسَيُونَ)

أَنْتِ تَنْسَيْنَ (أَصْلُهُ: تَنْسَيِـــيْـــنَ) — أَنْتُنَّ تَنْسَيْنَ

أَنَا أَنْسَى — نَحْنُ نَنْسَى

١٧– إِسْنَادُ فِعْلِ الأَمْرِ مِنْ (نَسِيَ) إِلَى الضَّمَائِرِ:

The conjugation of the أَمْرٌ from نَسِيَ:

اِنْسَ يَا حَامِدُ — اِنْسَوْا يَا أَوْلَادُ — اِنْسَيْ يَا آمِنَةُ — اِنْسَيْنَ يَا بَنَاتُ

١٨- إِسْنَادُ (دَعَا) إِلَى الضَّمَائِرِ:

The conjugation of دَعَا:

حَامِدٌ دَعَا — الأَوْلَادُ دَعَوْا (أَصْلُهُ: دَعَوُوا)

آمِنَةُ دَعَتْ (أَصْلُهُ: دَعَاتْ) — البَنَاتُ دَعَوْنَ

أَنْتَ دَعَوْتَ — أَنْتُمْ دَعَوْتُمْ

أَنْتِ دَعَوْتِ — أَنْتُنَّ دَعَوْتُنَّ

أَنَا دَعَوْتُ — نَحْنُ دَعَوْنَا

١٩- إِسْنَادُ (يَدْعُو) إِلَى الضَّمَائِرِ:

The conjugation of يَدْعُو:

حَامِدٌ يَدْعُو — الأَوْلَادُ يَدْعُونَ (أَصْلُهُ: يَدْعُوُونَ)

آمِنَةُ تَدْعُو — البَنَاتُ يَدْعُونَ

أَنْتَ تَدْعُو — أَنْتُمْ تَدْعُونَ (أَصْلُهُ: تَدْعُوُونَ)

أَنْتِ تَدْعِينَ (أَصْلُهُ: تَدْعُوِيْنَ) — أَنْتُنَّ تَدْعُونَ

أَنَا أَدْعُو — نَحْنُ نَدْعُو

٢٠- إِسْنَادُ فِعْلِ الأَمْرِ مِنْ (دَعَا) إِلَى الضَّمَائِرِ:

The conjugation of the أَمْرٌ from دعا:

اُدْعُ يَا حَامِدُ — اُدْعُوا يَا أَوْلَادُ — اُدْعِي يَا آمِنَةُ — اُدْعُونَ يَا بَنَاتُ

٢١- «أَرِنِي» يَقُولُ الْمُدَرِّسُ لِكُلٍّ مِنَ الطُّلَّابِ: «يَافُلَانُ أَرِنِي»: كِتَابَكَ/سَاعَتَكَ/لِسَانَكَ.

The teacher says to every student: أَرِنِي كِتَابَكَ/سَاعَتَكَ/لِسَانَكَ

New words:		الكَلِمَاتُ الْجَدِيدَةُ:
يَسَارٌ	يَمِينٌ	عَشَاءٌ
إِلَهٌ (ج آلِهَةٌ)	تَنَاوُلٌ	تَحْقِيقٌ
لَيْلٌ	قَوْمٌ	قُمَامَةٌ
أَهْلٌ	تُرَابٌ	نَهَارٌ
هَدَى (يَهْدِي)	مُمَزَّقٌ	صَاحِبٌ (ج أَصْحَابٌ)
تَبِعَ (يَتْبَعُ)	أَتَى (يَأْتِي)	طَوَى (يَطْوِي)
		وَقَعَ (يَقَعُ)

78

POINTS TO REMEMBER

In this lesson, we learn the following:

1) The *nâqis* verbs: these are verbs which have و or ي as the third radical, e.g.:

نَسِيَ يَنْسَى، بَكَى يَبْكِي، دَعَا يَدْعُو

These verbs undergo the following changes:

In the *mâdî*

- Both the *wâw* and the *yâ* become *alif* in pronunciation. In writing, و is written *alif* while ي is written ى, e.g.:

  دَعَا 'he invited', 'he prayed' is originally دَعَوَ.

  بَكَى 'he cried', 'he wept', is originally بَكَيَ.

The ي remains unchanged if the second radical has *kasrah*, e.g. نَسِيَ 'he forgot', بَقِــيَ 'he remained'.

- The third radical is omitted if the verb has *isnâd* to the pronoun of the third person masculine plural, e.g.:

  دَعَوْا 'they invited' is originally دَعَوُوا.

  بَكَوْا 'they wept' is originally بَكَيُوا.

  نَسُوا 'they forgot' is originally نَسِيُوا.

Note that in نَــسُوا the second radical has *dammah* which has been changed from *kasrah,* because in Arabic a *kasrah* cannot be followed by *wâw.*

- The third radical is also omitted if the verb has *isnâd* to the third person feminine singular because of الْتِقَاءُ السَّاكِنَيْنِ, e.g.:

  دَعَتْ 'she invited' for دَعَاتْ.

  بَكَتْ 'she wept' for بَكَاتْ.

79

The ي is not omitted if the second radical has *kasrah*, e.g.: نَسِيَتْ 'she forgot', بَقِيَتْ 'she remained.'

- The third radical is restored to its original form if the *isnâd* is to be the *mutaharrik* pronouns, e.g.:

  دَعَوْنَ 'they (fem.) invited'.

  دَعَوْتَ 'you invited.'

  دَعَوْتُ 'I invited.'

  دَعَوْنَا 'we invited.'

Here is an example of ي:

بَكَيْنَ، بَكَيْتَ، بَكَيْتُمْ، بَكَيْتِ، بَكَيْتُنَّ، بَكَيْتُ، بَكَيْنَا

In the *mudâri'*

The *mudâri' marfû':*

- The *dammah* of the third radical is lost in

  يَدْعُو، تَدْعُو، أَدْعُو، نَدْعُو

  يَبْكِي، تَبْكِي، أَبْكِي، نَبْكِي

  يَنْسَى، تَنْسَى، أَنْسَى، نَنْسَى

يَدْعُو is originally يَدْعُوُ as يَكْتُبُ, and يَبْكِي is originally يَبْكِيُ as يَجْلِسُ, and يَنْسَى is originally يَنْسَيُ as يَفْتَحُ.

- The third *radical* is lost before the pronoun of the third person masculine plural, e.g.:

  يَدْعُوْنَ 'they (mas.) invite' is originally يَدْعُوُونَ like يَكْتُبُونَ.

Note that الرِّجَالُ يَدْعُونَ and النِّسَاءُ يَدْعُونَ both have the same from. That is because in الرِّجَالُ يَدْعُونَ the verb يَدْعُونَ is changed from يَدْعُوُونَ , but in النِّسَاءُ يَدْعُونَ the verb يَدْعُونَ is in the original form. There is no change in it. It is on the pattern of يَفْعُلْنَ like يَكْتُبْنَ.

يَبْكُونَ 'they weep' is originally يَبْكِيُونَ. The third radical ي has been lost. The *kasrah* of the second radical is changed to *dammah* because a *kasrah* is not followed by *wâw*.

In يَنْسَوْنَ 'they forget', the second radical has *fathah* because it is originally يَنْسَيُونَ. After the omission of the *yâ* along with its vowel, the verb becomes يَنْسَوْنَ.

The third radical is also omitted before the pronoun of the second person feminine singular, e.g.: تَدْعِينَ 'you (fem.) invite' is originally تَدْعُوِينَ. After the omission of the *wâw* along with its vowel, the verb becomes تَدْعُيْنَ. The *dammah* of the ع is changed to *kasrah* as the *dammah* is not followed by *yâ* in Arabic.

Note that أَنْتِ تَبْكِينَ 'you (fem. sing.) weep' has the same form as أَنْتُنَّ تَبْكِيْنَ 'you (fem. pl.) weep' i.e., the singular and the plural have the same form. That is because the verb in the singular was originally تَبْكِيِينَ like تَجْلِسِينَ. After the omission of the third radical ي the verb became تَبْكِينَ. The plural form of the verb is in its original form تَفْعِلْنَ. So تَبْكِيْنَ in the plural is like تَجْلِسْنَ and the ي is the third radical.

In تَنْسَيْنَ 'you (fem. sing.) forget', the second radical has *fathah* because the verb originally was تَنْسَيِينَ. After the omission of the *yâ* along with its vowel, the verb became تَنْسَيْنَ.

The *mudâri' mansûb:*

The *fathah* of the third radical is pronounced in verbs ending in *wâw* and *yâ*, but not in verbs ending in *alif,* e.g.:

لَنْ يَدْعُوَ 'he will not invite' (lan ya-d'uw**a**).

لَنْ يَبْكِيَ 'he will not weep' (lan ya-bkiy**a**).

But in لَنْ يَنْسَى 'he will not forget', the *fathah* is not pronounced (lan ya-nsâ, not lan ya-nsaya).

The *mudâri' majzûm:*

Here the third radical is omitted, e.g.:

لَمْ يَدْعُ 'he did not invite'. Here the third radical و has been omitted.

لَمْ يَبْكِ 'he did not weep'. Here the third radical ي has been omitted.

لَمْ يَنْسَ 'he did not forget'. Here the *alif* has been omitted.

Phonetically, the long vowels are shortened as can be seen here:

Ya-d'**û** → lam ya-d'**u**; ya-bk**î** → lam ya-bk**i**; ya-ns**â** → lam ya-ns**a**

In the *amr*

Here also the third radical is omitted, e.g.:

تَدْعُو → اُدْعُ 'invite!'

تَبْكِي → اِبْكِ 'weep!'

تَنْسَى → اِنْسَ 'forget!'

2) يَـــرَى 'He sees'. The *mâḏî* is رَأَى. Note that the second radical (the *hamzah)* has been omitted in the *muḏârî*. So يَرَى is originally يَرْأَى. This is a very frequently used verb, and so it has undergone this change.

تَرَى 'you see' أَرَى 'I see' نَرَى 'we see'

In the *muḏârî majzûm,* the third radical is lost, e.g.:

لَمْ يَرَ 'he did not see.'

لَمْ تَرَ 'you did not see.'

The *amr* of this verb is not used. The word اُنْظُرْ is used instead.

3) أَرِ means 'show!' It is the *amr*. Here is its *isnâd:*

أَرِ يَا مُحَمَّدُ أَرُوا يَا إِخْوَانُ

أَرِي يَا آمِنَةُ أَرِينَ يَا أَخَوَاتُ

أَرِنِي 'show me' أَرِنَا 'show us' أَرِهِ 'show him'

You will learn the *mâḏî* and the *muḏâri'* of this verb later إِنْ شَاءَ اللهُ.

4) لَمْ أَكْوِهِ بَعْدُ. 'I have not yet ironed it.' بَعْـــدُ denotes 'yet' in a negative context.

Here are some more examples:

لَمْ يَرْجِعْ أَبِي بَعْدُ. 'My father has not yet return.'

لَمْ أَكْتُبْ لَهُ رِسَالَةً بَعْدُ. 'I have not yet written a letter to him.'

VOCABULARY

كَوَى يَكْوِي	(a-i) to iron	رَمَى يَرْمِي	(a-i) to throw
مَشَى يَمْشِي	(a-i) to walk	بَكَى يَبْكِي	(a-i) to cry, to weep
جَرَى يَجْرِي	(a-i) to run	سَقَى يَسْقِي	(a-i) to give water
أَتَى يَأْتِي	(a-i) to come	قُمَامَةٌ	garbage
بَنَى يَبْنِي	(a-i) to build	نَهَارٌ	day
طَوَى يَطْوِي	(a-i) to fold	يَمِينٌ	right hand
هَدَى يَهْدِي	(a-i) to guide	يَسَارٌ	left hand
دَعَا يَدْعُو	(a-u) to invite	تَنَاوُلٌ	taking, eating
شَكَا يَشْكُو	(a-u) to complain	إِلَهٌ	god
تَلاَ يَتْلُو	(a-u) to recite	قَوْمٌ	people
مَحَا يَمْحُو	(a-u) to erase	لَيْلٌ	night
عَفَا يَعْفُو	(a-u) to forgive	تُرَابٌ	dust
نَسِيَ يَنْسَى	(i-a) to forget	أَهْلٌ	people
خَشِيَ يَخْشَى	(i-a) to fear	مُمَزَّقٌ	torn
بَقِيَ يَبْقَى	(i-a) to remain	هَدِيَّةٌ	present
تَبِعَ يَتْبَعُ	(i-a) to follow	أَصْحَابٌ	people
وَقَعَ يَقَعُ	(a-a) to fall	تَحْقِيقٌ	investigation

الدَّرْسُ التَّاسِعُ

LESSON 9

الْمُدَرِّسُ : أَحَجَجْتَ يَا مَسْعُودُ؟

مَسْعُودٌ : لاَ، يَا أُسْتَاذُ. حَجَّ زُمَلاَئِي كُلُّهُمْ وَلَكِنَّنِي مَا حَجَجْتُ. مَرِضْتُ أَيَّامَ الْحَجِّ فَبَقِيتُ هُنَا بِالْمَدِينَةِ الْمُنَوَّرَةِ.

الْمُدَرِّسُ : لاَ تَحْزَنْ. سَتَحُجُّ فِي الْعَامِ الْمُقْبِلِ إِنْ شَاءَ اللهُ. تَمُرُّ السَّنَةُ بِسُرْعَةٍ.

مَسْعُودٌ : أَحَجَجْتَ أَنْتَ يَا أُسْتَاذُ؟

الْمُدَرِّسُ : لاَ، لَمْ أَحُجَّ هَذَا الْعَامَ. لَكِنَّنِي حَجَجْتُ قَبْلَ هَذَا خَمْسَ مَرَّاتٍ ... أَنَا أَشَمُّ رَائِحَةً كَرِيهَةً. أَمَا تَشَمُّونَ رَائِحَةً يَا إِخْوَانُ.

الطُّلاَّبُ : بَلَى. نَشَمُّهَا.

الْمُدَرِّسُ : مِنْ أَيْنَ هِيَ؟

عَمْرٌو : أَظُنُّهَا مِنَ الْحَمَّامِ.

عَبْدُ الله : نَعَمْ، هِيَ مِنَ الْحَمَّامِ. إِنَّ الْقُمَامَةَ الَّتِي رَمَاهَا أَحَدُ الطُّلَّابِ سَدَّتِ الْبَالُوعَةَ.

الْمُدَرِّسُ : مَنِ الَّذِي دَفَعَ السَّبُّورَةَ إِلَى الْخَلْفِ؟ تَعَالَ يَا سَعِيدُ وَجُرَّهَا إِلَى الْأَمَامِ.

(سَعِيدٌ يَجُرُّ السَّبُّورَةَ)

أَنْتَ جَرَرْتَهَا كَثِيرًا. ادْفَعْهَا إِلَى الْخَلْفِ قَلِيلاً. يَكْفِي. اتْرُكْهَا الْآنَ.

مَسْعُودٌ : أَهَذَا هُوَ الْجُزْءُ الثَّانِي مِنَ الْكِتَابِ يَا أُسْتَاذُ؟

الْمُدَرِّسُ : نَعَمْ، خُذْ هَذِهِ النُّسَخَ وَعُدَّهَا ...... أَعَدَدْتَهَا؟ كَمْ هِيَ؟

مَسْعُودٌ : نَعَمْ، عَدَدْتُهَا. هِيَ خَمْسٌ وَأَرْبَعُونَ نُسْخَةً.

الْمُدَرِّسُ : نَدْرُسُ الْآنَ حَدِيثاً. أَكْتُبُهُ عَلَى السَّبُّورَةِ. فَاكْتُبُوهُ فِي دَفَاتِرِكُمْ. (يَكْتُبُ) «عَنْ أَنَسٍ رَضِيَ اللهُ عَنْهُ قَالَ: مَا مَسِسْتُ دِيبَاجًا وَلاَحَرِيرًا أَلْيَنَ مِنْ كَفِّ رَسُولِ اللهِ صَلَّى اللهُ عَلَيْهِ وَسَلَّمَ وَلاَ شَمِمْتُ رَائِحَةً قَطُّ أَطْيَبَ مِنْ رَائِحَةِ رَسُولِ اللهِ صَلَّى اللهُ عَلَيْهِ وَسَلَّمَ ......» (بَعْدَ هُنَيْهَةٍ) أَكَتَبْتُمْ يَا أَبْنَائِي؟

الطُّلَّابُ : لَمَّا.

الْمُدَرِّسُ : يَا عَلِيُّ، لَا تَظُنَّ أَنَّنِي غَافِلٌ عَمَّا تَعْمَلُ. إِنَّكَ لَا تَكْتُبُ الدَّرْسَ. إِنَّمَا تَكْتُبُ رِسَالَةً. أَلَيْسَ كَذَلِكَ؟ رُدَّ عَلَيَّ.

عَلِيٌّ : بَلَى: هُوَ كَذَلِكَ. أَنَا آسِفٌ يَا أُسْتَاذُ. لَنْ أَعُودَ لِمِثْلِهِ أَبَدًا إِنْ شَاءَ اللهُ.

| EXERCISES | تَمَارِينُ |

Answer the following questions: ١- أَجِبْ عَنِ الْأَسْئِلَةِ الْآتِيَةِ:

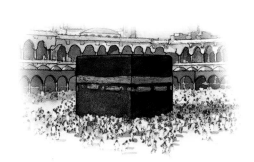

(١) لِمَ لَمْ يَحُجَّ مَسْعُودٌ هَذَا الْعَامَ؟

(٢) كَمْ مَرَّةً حَجَّ الْمُدَرِّسُ؟

(٣) مِنْ أَيْنَ جَاءَتِ الرَّائِحَةُ الْكَرِيهَةُ؟

(٤) لِمَاذَا خَرَجَتِ الرَّائِحَةُ الْكَرِيهَةُ مِنَ الْحَمَّامِ؟

85

٢– هَذِهِ أَمْثِلَةٌ لِلْفِعْلِ (الْمُضَعَّفِ):

Read these مُضَعَّف verbs:

حَجَّ (أَصْلُهُ: حَجَجَ) / يَحُجُّ (أَصْلُهُ: يَحْجُجُ)

ظَنَّ يَظُنُّ. جَرَّ يَجُرُّ. مَرَّ يَمُرُّ. عَدَّ يَعُدُّ. سَبَّ يَسُبُّ. رَدَّ يَرُدُّ. صَبَّ يَصُبُّ. سَدَّ يَسُدُّ. شَمَّ يَشَمُّ.

مَسَّ يَمَسُّ. (شَمَّ أَصْلُهُ: شَمِمَ، يَشَمُّ أَصْلُهُ: يَشْمَمُ، وكذلك مَسَّ)

٣– اِقْرَأْ مَا يَلِي:

Read the following:

(١) حَجَّ أَخِي قَبْلَ ثَلاثَةِ أَعْوامٍ، وَأَنَا حَجَجْتُ هَذَا الْعَامَ.

(٢) هُوَ سَبَّنِي وَلَكِنَّنِي مَا سَبَبْتُهُ.

(٣) أَظُنُّكَ طَالِبًا.

(٤) أَأَصُبُّ لَكَ مَزِيداً مِنَ الشَّايِ يَا سَيِّدِي؟ — لاَ، وَشُكْراً.

(٥) لِمَ تَجُرِّينَ الثَّوْبَ فِي التُّرَابِ يَا فَاطِمَةُ؟

(٦) أَعَدَدْتِ هَذِهِ الرِّيَالاَتِ يَا سُعَادُ؟ — نَعَمْ، عَدَدْتُهَا. هِيَ مِائَةُ رِيَالٍ.

(٧) لَمَّا دَخَلْتُ الْبَيْتَ شَمِمْتُ رَائِحَةً طَيِّبَةً.

(٨) يَمُرُّ الْمُدِيرُ عَلَى الْفُصُولِ كُلَّ صَبَاحٍ.

٤– أَسْنِدْ الأَفْعَالَ الآتِيَةَ إِلَى الْمُتَكَلِّمِ كَمَا هُوَ مُوَضَّحٌ فِي الْمِثَالِ:

Make أَنَا the subject of each of these verbs as shown in the example:

حَامِدٌ ظَنَّ	أَنَا ظَنَنْتُ	حَامِدٌ عَدَّ	....
حَامِدٌ مَرَّ	....	حَامِدٌ جَرَّ	....
حَامِدٌ حَجَّ	....	حَامِدٌ رَدَّ	....
حَامِدٌ سَبَّ	....	حَامِدٌ شَمَّ	....
حَامِدٌ صَبَّ	....	حَامِدٌ مَسَّ	....

٥– تَأَمَّلْ الْمِثَالَ ثُمَّ صُغْ الأَمْرَ مِنَ الأَفْعَالِ الآتِيَةِ:

Read the example carefully then form the أَمْرٌ from the following verbs:

أَنْتَ تَجُرُّ (تَجْرُرُ) ← جُرْ (جُرْرْ) ← جُرَّ (لاَ يَلْتَقِي سَاكِنَانِ)

تَمُرُّ	....	تَرُدُّ	....
تَحُجُّ	....	تَظُنُّ	....
تَصُبُّ	....	تَعُدُّ	....
تَشَمُّ	....	تَمَسُّ	....

٦– اقْرَأْ مَا يَلِي:

Read the following:

(١) جُرَّ هَذَا الْمَكْتَبَ. (٢) صُبَّ الْقَهْوَةَ لِلضُّيُوفِ.

(٣) عُدَّ هَذِهِ الْكُتُبَ. (٤) شَمَّ هَذِهِ الزَّهْرَةَ.

٧– تَأَمَّلْ مَا يَلِي:

Examine the following:

يَحُجُّ : لَمْ يَحُجَّ (لَمْ يَحْجُجْ) ← لَمْ يَحُجَّ. (لاَ يَلْتَقِي سَاكِنَانِ)

تَجُرُّ : لاَ تَجُرَّ (لاَ تَجْرُرْ) ← لاَ تَجُرَّ.

٨– أَجِبْ عَنِ الأَسْئِلَةِ الآتِيَةِ بِالنَّفْيِ مُسْتَعْمِلاً (لَمْ):

Answer the following questions in the negative using لَمْ:

(١) أَحَجَجْتَ؟ لاَ، لَمْ أَحُجَّ.

(٢) أَعَدَدْتِ هَذِهِ الْكُتُبَ يَا بِنْتِي؟ ....

(٣) أَسَبَبْتَ زَمِيلَكَ هَذَا يَا عَلِيُّ؟ ....

(٤) أَمَرَّ الْمُدِيرُ عَلَى الْفُصُولِ؟ ....

(٥) أَصَبَبْتَ الْمَاءَ الَّذي كَانَ فِي الكُوبِ؟ ....

(٦) أشَمِمْتَ رَائِحَةً كَرِيهَةً عِنْدَمَا فَتَحْتَ الْبَابَ؟ ....

٩– أَدْخِلْ (لاَ النَّاهِيَةَ) عَلَى الْفِعْلِ الَّذي أَمَامَ كُلِّ جُمْلَةٍ وَأَكْمِلْ بِهِ الْجُمْلَةَ:

Add لاَالنَّاهِيَةُ to the verbs in the brackets then complete the following sentences using them:

(١) ....لي مَزِيداً مِنَ الْقَهْوَة. (تَصُبُّ)

(٢) ....أَنَّ الامْتِحَانَ سَيَكُونُ سَهْلاً. (تَظُنُّ)

(٣) ....أَخَاكَ الْمُسْلِمَ. (تَسُبُّ)

(٤) ....هَذه الرِّيَالات. (تَعُدُّ)

(٥) ....بَيْنَ يَدَيِ الْمُصَلِّي. (تَمُرُّ)

(٦) ....السَّبُّورَةَ مِنْ مَكَانِهَا. (تَجُرُّ)

١٠– إِسْنَادُ (عَدَّ) إِلَى الضَّمَائِرِ:

The conjugation of عَدَّ:

حَامِدٌ عَدَّ — الأَوْلاَدُ عَدُّوا

آمِنَةُ عَدَّتْ — البَنَاتُ عَدَدْنَ

أَنْتَ عَدَدْتَ — أَنْتُمْ عَدَدْتُمْ

أَنْتِ عَدَدْتِ — أَنْتُنَّ عَدَدْتُنَّ

أَنَا عَدَدْتُ — نَحْنُ عَدَدْنَا

١١– إِسْنَادُ (يَعُدُّ) إِلَى الضَّمَائِرِ:

The conjugation of يَعُدُّ:

حَامِدٌ يَعُدُّ — الأَوْلاَدُ يَعُدُّونَ

آمِنَةُ تَعُدُّ — الْبَنَاتُ يَعْدُدْنَ

أَنْتَ تَعُدُّ — أَنْتُمْ تَعُدُّونَ

أَنْتِ تَعُدِّينَ   أَنْتُنَّ تَعْدُدْنَ

أَنَا أَعُدُّ   نَحْنُ نَعُدُّ

١٢ – إِسْنَادُ فِعْلِ الأَمْرِ مِنْ (عَدَّ) إِلَى الضَّمَائِرِ:

Learn the *isnâd* of مُضَعَّف verbs to all the pronouns of the second person in the أَمْر:

عُدَّ يَا حَامِدُ   عُدُّوا يَا أَوْلَادُ   عُدِّي يَا آمِنَةُ   أُعْدُدْنَ يَا بَنَاتُ

١٣ – تَأَمَّلْ اسْتِعْمَالَ الْكَلِمَتَيْنِ (قَطُّ وَأَبَدًا):

Note the use of أَبَدًا and قَطُّ in the following sentences:

(١) مَا فَعَلْتُ هَذَا قَطُّ.

(٢) لَمْ آكُلْ طَعَامًا لَذِيذًا مِثْلَ هَذَا قَطُّ.

(٣) لَمْ أَتْرُكِ الصَّلَاةَ قَطُّ وَلَنْ أَتْرُكَهَا أَبَدًا.

(٤) لَمْ أَسْمَعْ كَلَامًا مِثْلَ هَذَا قَطُّ.

(٥) كَيْفَ تَقُولُ رَأَيْتَنِي فِي الْهِنْدِ؟ أَنَا مَا ذَهَبْتُ إِلَى الْهِنْدِ قَطُّ.

«قَطُّ» خَاصٌّ بِالْمَاضِي. وَ«أَبَدًا» خَاصٌّ بِالْمُسْتَقْبَلِ.

The words قَطُّ and أَبَدًا both mean 'never'. قَطُّ is used with the past tense, and أَبَدًا with the future.

Examine the following: ١٤ – تَأَمَّلْ مَا يَلِي:

لَيِّنٌ (اسْمُ التَّفْضِيلِ: أَلْيَنُ). هَذَا الْحَرِيرُ لَيِّنٌ، وَذَلِكَ أَلْيَنُ مِنْ هَذَا.

طَيِّبٌ (اسْمُ التَّفْضِيلِ: أَطْيَبُ). هَذَا الطَّعَامُ طَيِّبٌ، وَذَلِكَ أَطْيَبُ.

New words: الْكَلِمَاتُ الْجَدِيدَةُ:

مَرَّةٌ (ج مَرَّاتٌ)	الدِّيبَاجُ: نَوْعٌ مِنَ الْحَرِيرِ	نُسْخَةٌ (ج نُسَخٌ)
كَفٌّ (ج أَكُفٌّ)	رَائِحَةٌ	هُنَيهَةٌ
مَزِيدٌ	كَرِيهٌ	بَالُوعَةٌ
غَافِلٌ	لَيِّنٌ	طَيِّبٌ
دَفَعَ (يَدْفَعُ)	مَرِضَ (يَمْرَضُ)	حَزِنَ (يَحْزَنُ)

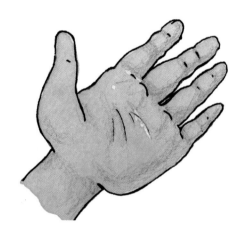

POINTS TO REMEMBER

In this lesson, we learn the following:

1) The *mu<u>d</u>a''af* verb (الْمُضَعَّف). In this verb, the second and the third radicals are identical, e.g.: حَجَّ، مَرَّ، شَمَّ

The verb حَجَّ is originally حَجَجَ. Here both the second and the third radicals are ج. Here are the changes that the *mu<u>d</u>a''af* verbs undergo.

In the *mâdî*

The second radical loses its vowel when the verb is *isnâded* to the *sâkin* pronouns:

حَجَّ، حَجُّوا، حَجَّتْ (<u>h</u>ajja for <u>h</u>ajaja).

It retains its vowel when the verb is *isnâded* to the *muta<u>h</u>arrik* pronouns:

حَجَجْنَ، حَجَجْتَ، حَجَجْتُم، حَجَجْتِ، حَجَجْتُنَّ، حَجَجْتُ، حَجَجْنَا

In the *mu<u>d</u>âri'*

The *mu<u>d</u>âri' marfû'*:

The second radical loses its vowel when the verb is *isnâded* to the *sâkin* pronouns:

يَحُجُّ for يَحْجُجُ. (ya-hujj-u for ya-hjuj-u). In the same way تَحُجُّ for تَحْجُجُ.

it retains its vowel in case of *isnâd* to the *muta<u>h</u>arrik* pronouns يَحْجُجْنَ، تَحْجُجْنَ.

The *mu<u>d</u>âri' majzûm*:

In the four forms لَمْ يَحُجَّ، لَمْ تَحُجَّ، لَم أَحُجَّ، لَمْ نَحُجَّ there is الْتِقَاءُ السَّاكِنَيْنِ because both the second and the third radical have no vowel (lam ya-<u>h</u>u**jj**). As both are strong letters none of them can be omitted. So the third radical takes a *fat<u>h</u>ah* to remove الْتِقَاءُ السَّاكِنَيْنِ:

لَمْ يَحُجُّ (lam ya-<u>h</u>ujj-**a**), لَمْ تَحُجَّ ,لَمْ أَحُجَّ ,لَمْ نَحُجَّ.

تَحُجَّ، لَمْ أَحُجَّ، لَمْ نَحُجَّ (lam ya-<u>h</u>ujj-**a**).

There is no الْتِقَاءُ السَّاكِنَيْنِ in other forms, e.g.: لَمْ يَحُجُّوا (lam ya-<u>h</u>u**jjû**), لَمْ تَحُجِّي (lam ta-<u>h</u>u**jjî**).

In the *amr*

After removing the initial *'ta'* and the final *dammah* from تَحُـــجُّ (ta-hujju), what remains is حُجّ (hu**jj**). The third radical takes *fathah* to remove الْتِقَاءُ الـــسَّاكِنَيْنِ. So it becomes حُـــجَّ (hujj**a**). As the word does not commence with a *sâkin* letter, no *hamzat al-wasl* is needed.

If the verb is of i-a group like شَمَّ and مَسَّ, the *kasrah* of the second radical appears when the verb is *isnâded to the mutaharrik* pronouns, e.g.: شَمِمْتُ، شَـــمِمْتَ, etc. The *mudâri' marfû'* is يَشَمُّ. The *amr* is شَمَّ. Note that the *amr* is identical with the *mâdî*.

2) لَمَّا: We have learnt لَمْ and لَمَّا in Lesson 1. There we have seen that لَمَّـــا يَرْجِـــعْ means 'he has not yet returned'.

There is another لَمَّا which means 'when', e.g.:

لَمَّا سَمِعْتُ الجَرَسَ دَخَلْتُ الفَصْلَ. 'When I heard the bell, I entered the class.'

لَمَّا ذَهَبْتُ إِلَى مَكَّةَ زُرْتُ صَدِيقِي. 'When I went to Makkah, I visited my friend'.

This لَمَّا is used only with the *mâdî*. With the *mudâri'* عِنْدَمَا is used, e.g.:

عِنْدَمَا أَذْهَبُ إِلَى الْمَسْجِدِ أَجْلِسُ فِي الصَّفِّ الأَوَّلِ. 'When I go to the mosque, I sit in the first row.'

3) قَـــطُّ/ أَبَـــدًا: Both these words are used to emphasise a negative verb. قَـــطُّ emphasizes it in the past and أَبَدًا in the future, e.g.:

لَمْ أَكْتُبْ إِلَيْهِ قَطُّ. 'I never wrote to him.'

لَنْ أَكْتُبَ إِلَيْهِ أَبَدًا. 'I will never write to him.'

The word قَطُّ is *mabnî* (indeclinable), and has only this ending.

4) لاَ، وَشُكْرًا 'No, thanks'. It is wrong to say لاَ شُـــكْرًا without the وَ as it signifies a denial of thanks.

VOCABULARY

حَزِنَ يَحْزَنُ	(i-a) to be sorrowful	حَجَّ يَحُجُّ	(a-u) to perform hajj
مَرَّةً	once	ظَنَّ يَظُنُّ	(a-u) to think
كَفٌّ	palm	جَرَّ يَجُرُّ	(a-u) to drag, to pull
مَزِيْدٌ	more	مَرَّ يَمُرُّ	(a-u) to pass
غَافِلٌ	unmindful	عَدَّ يَعُدُّ	(a-u) to count
دِيبَاجٌ	brocade	سَبَّ يَسُبُّ	(a-u) to abuse
رَائِحَةٌ	smell	رَدَّ يَرُدُّ	(a-u) to reply
كَرِيهٌ	unpleasant	صَبَّ يَصُبُّ	(a-u) to pour
لَيِّنٌ	soft	سَدَّ يَسُدُّ	(a-u) to block
نُسْخَةٌ	copy	شَمَّ يَشَمُّ	(i-a) to smell
هُنَيْهَةٌ	a while	مَسَّ يَمَسُّ	(i-a) to touch
بَالُوعَةٌ	drain, sewer	دَفَعَ يَدْفَعُ	(a-a) to push
طَيِّبٌ	good	مَرِضَ يَمْرَضُ	(i-a) to fall sick

The sevenfold classification of the verb:

1. *Sâlim* (السَّالِمُ): A verb (a) which does not have *hamzah, wâw* or *yâ* as one of the radicals, and (b) in which the second and the third radicals are not identical, e.g.:

   سَجَدَ   دَخَلَ   كَتَبَ

2. *Mahmûz* (الْمَهْمُوزُ): A verb which has *hamzah* as one of the radicals, e.g.:

   أَكَلَ (*hamzah* as the first radical).

   سَأَلَ (*hamzah* as the second radical).

   قَرَأَ (*hamzah* as the third radical).

3. *Mud̲a''af* (الْمُضَعَّفُ): A verb in which the second and the third radicals are identical, e.g.: حَجَّ، مَرَّ، شَمَّ

4. *Mithâl* (الْمِثَال): A verb which has *wâw* or *yâ* as the first radical, e.g.:

   وَزَنَ، وَقَفَ، وَضَعَ، يَئِسَ . This is also called الْمُعْتَلُّ الْفَاءِ.

5. *Ajwaf* (الأَجْوَفُ): A verb which has *wâw* or *yâ* as the second radical, e.g.:

   قَالَ يَقُولُ، سَارَ يَسِيرُ، نَامَ يَنَامُ. This verb is also called الْمُعْتَلُّ العَيْنِ.

6. *Nâqis̲* (النَّاقِص): A verb which has *wâw* or *yâ* as the third radical, e.g.:

   دَعَا يَدْعُو، بَكَى يَبْكِي، نَسِيَ يَنْسَى. This is also called الْمُعْتَلُّ اللاَّمِ.

7. *Lafîf* (اللَّفِيفُ): A verb which has *wâw* or *yâ* as more than one radical. It is of two kinds:

   i) *lafîf maqrûn* (اللَّفِيفُ الْمَقْرُونُ): It has *wâw* or *yâ* as the second and third radicals, e..g: كَوَى يَكْوِي.

   ii) *Lafîf mafrûq* (اللَّفِيفُ الْمَفْرُوقُ): It has *wâw* or *yâ* as the first and third radicals, e.g.: وَقَى يَقِي، وَعَى يَعِي.

In *lafîf mafrûq* only, the second radical remains in the *amr* because the first radical is omitted in the *mud̲âri'*, and the third radical is omitted in the *amr*. The *amr* from وَقَى يَقِي is قِ 'save!' and from وَعَى يَعِي is عِ 'understand!'

94

أَقْسَـــامُ الْفِـعْـل

الفِعْـــلُ	الْمَاضِي	الْمُضَارِعُ الْمَرْفُوعُ	الْمُضَارِعُ الْمَنْصُوبُ	الْمُضَارِعُ الْمَجْزُومُ	الأَمْرُ
السَّـــالِمُ	كَتَبَ	يَكْتُبُ	لَنْ يَكْتُبَ	لَمْ يَكْتُبْ	اُكْتُبْ
الْمَهْـمُـــوزُ	أَكَلَ	يَأْكُلُ	لَنْ يَأْكُلَ	لَمْ يَأْكُلْ	كُلْ
	سَأَلَ	يَسْأَلُ	لَنْ يَسْأَلَ	لَمْ يَسْأَلْ	اِسْأَلْ
	قَرَأَ	يَقْرَأُ	لَنْ يَقْرَأَ	لَمْ يَقْرَأْ	اِقْرَأْ
الْمُـــضَـعَّـفُ	عَدَّ	يَعُدُّ	لَنْ يَعُدَّ	لَمْ يَعُدَّ	عُدَّ
	شَمَّ	يَشَمُّ	لَنْ يَشَمَّ	لَمْ يَشَمَّ	شَمَّ
	جَدَّ	يَجِدُّ	لَنْ يَجِدَّ	لَمْ يَجِدَّ	جِدَّ
الْمُعْتَلُّ الفَاءِ (الْمِثَالُ)	وَقَفَ	يَقِفُ	لَنْ يَقِفَ	لَمْ يَقِفْ	قِفْ
الْمُعْتَلُّ العَيْنِ (الأَجْوَفُ)	قَالَ	يَقُولُ	لَنْ يَقُولَ	لَمْ يَقُلْ	قُلْ
	بَاعَ	يَبِيعُ	لَنْ يَبِيعَ	لم يَبِعْ	بِعْ
	نَامَ	يَنَامُ	لَنْ يَنَامَ	لَمْ يَنَمْ	نَمْ
الْمُعْتَلُّ اللاَّمِ (النَّاقِصُ)	مَشَى	يَمْشِي	لَنْ يَمْشِيَ	لَمْ يَمْشِ	اِمْشِ
	نَسِيَ	يَنْسَى	لَن يَنْسَى	لَمْ يَنْسَ	اِنْسَ
	نَهَى	يَنْهَى	لَنْ يَنْهَى	لَمْ يَنْهَ	اِنْهَ
	دَعَا	يَدْعُو	لَنْ يَدْعُوَ	لَمْ يَدْعُ	اُدْعُ
اللَّفِيفُ الْمَقْرُونُ	كَوَى	يَكْوِى	لَنْ يَكْوِىَ	لم يَكْوِ	اِكْـوِ
اللَّفِيفُ الْمَفْرُوقُ	وَقَى	يَقِي	لَنْ يَقِيَ	لَمْ يَقِ	قِ

الدَّرْسُ العاشِرُ

LESSON 10

(يَقِفُ بِالْبَابِ فَتَيَانِ)

الْمُدَرِّسُ : اُدْخُلاَ. مَنْ أَنْتُمَا؟

أَحَدُهُمَا : نَحْنُ طَالِبَانِ جَدِيدَانِ.

الْمُدَرِّسُ : مَرْحَباً بِكُمَا. مِنْ أَيْنَ أَنْتُمَا؟

هُوَ : نَحْنُ مِنَ الصِّينِ.

الْمُدَرِّسُ : مَتَى وَصَلْتُمَا إِلَى الْمَدِينَةِ الْمُنَوَّرَةِ؟

هُوَ : وَصَلْنَا أَمْسِ.

الْمُدَرِّسُ : أَتَوْءَمَانِ أَنْتُمَا؟

هُوَ : نَعَمْ، وَكَيْفَ عَرَفْتَ ذَلِكَ يَا أُسْتَاذُ؟

الْمُدَرِّسُ : عَرَفْتُ مِنَ الشَّبَهِ الَّذِي بَيْنَكُمَا. مَا أَسْمَاؤُكُمَا؟

هُوَ : اِسْمِي الْحَسَنُ، وَأَخِي اسْمُهُ الْحُسَيْنُ.

الْمُدَرِّسُ : أَلَكُمَا إِخْوَةٌ وَأَخَوَاتٌ؟

الْحَسَنُ : نَعَمْ. لَنَا أَخَوَانِ وَأُخْتَانِ. أَمَّا الأَخَوَانِ فَيَعْمَلاَنِ فِي مَكْتَبِ خُطُوطٍ جَوِّيَّةٍ. وَقَدْ دَرَسَا فِي مَعْهَدِ اللُّغَةِ هَذَا قَبْلَ سَنَوَاتٍ. وَأَمَّا الأُخْتَانِ فَتَدْرُسَانِ فِي الْمَدْرَسَةِ الثَّانَوِيَّةِ. كَانَتْ لَنَا أُخْتَانِ أُخْرَيَانِ مَاتَتَا فِي الصِّغَرِ.

الْمُدَرِّسُ : فِي أَيِّ كُلِّيَّةٍ تُرِيدَانِ أَنْ تَدْرُسَا بَعْدَ دِرَاسَةِ اللُّغَةِ الْعَرَبِيَّةِ؟

الْحُسَيْنُ : أُرِيدُ أَنْ أَدْرُسَ بِكُلِّيَّةِ الشَّرِيعَةِ. أَمَّا الْحَسَنُ فَيُرِيدُ أَنْ يَدْرُسَ بِكُلِّيَّةِ الْقُرْآنِ الْكَرِيمِ.

الْمُدَرِّسُ : وَفَّقَكُمَا اللهُ.

الْحَسَنُ : نُرِيدُ أَنْ نَذْهَبَ إِلَى الْمُرَاقِبِ.

الْمُدَرِّسُ : لاَ تَذْهَبَا إِلَيْهِ الآنَ فَإِنَّهُ مَشْغُولٌ. يُمْكِنُكُمَا أَنْ تَذْهَبَا إِلَيْهِ بَعْدَ انْتِهَاءِ الْحِصَّةِ. اذْهَبَا الآنَ إِلَى الْمَكْتَبَةِ وَخُذَا الْكُتُبَ الْمُقَرَّرَةَ.

تَمَارِينُ EXERCISES

١ – أَجِبْ عَنِ الأَسْئِلَةِ الآتِيَةِ: Answer the following questions:

(١) مَنِ الْفَتَيَانِ؟ (٢) مَا أَسْمَاؤُهُمَا؟

(٣) مِنْ أَيْنَ هُمَا؟ (٤) كَمْ أَخًا وَأُخْتًا لَهُمَا؟

(٥) فِي أَيِّ كُلِّيَّةٍ يُرِيدَانِ أَنْ يَدْرُسَا؟

٢ – ضَعْ فِي الْفَرَاغِ فِي كُلِّ جُمْلَةٍ مِمَّا يَأْتِي الْفِعْلَ (ذَهَبَ) الْمَاضِيَ بَعْدَ إِسْنَادِهِ إِلَى الضَّمِيرِ الْمُنَاسِبِ:

Fill in the blanks with suitable forms of verb ذَهَبَ:

(١) أَيْنَ خَالِدٌ وَحَامِدٌ؟ .... إِلَى الْمَكْتَبَةِ.

(٢) أَيْنَ آمِنَةُ وَأُخْتُهَا؟ .... إِلَى الْمُسْتَشْفَى لِعِيَادَةِ أُمِّهِمَا.

(٣) أَيْنَ .... أَمْسِ يَا أَخَوَانِ؟

(٤) أَإِلَى الطَّبِيبَةِ .... يَا بِنْتَانِ؟

٣– ضَعْ فِي الْفَرَاغِ فِي كُلِّ جُمْلَةٍ مِمَّا يَأْتِي الْفِعْلَ (يَذْهَبُ) الْمُضَارِعَ بَعْدَ إِسْنَادِهِ إِلَى الضَّمِيرِ الْمُنَاسِبِ:

Fill in the blanks with suitable forms of the verb يَذْهَبُ:

(١) أَحْمَدُ وَ إِبْرَاهِيمُ .... إِلَى الْمَلْعَبِ كُلَّ يَومٍ.

(٢) أَيْنَ .... يَا وَلَدَانِ؟

(٣) الطَّالِبَتَانِ الْجَدِيدَتَانِ .... إِلَى الْمُصَلَّى.

(٤) مَتَى .... إِلَى الصَّيْدَلِيَّةِ يَا أُخْتَانِ؟

٤– ضَعْ فِي الْفَرَاغِ فِي كُلِّ جُمْلَةٍ مِمَّا يَأْتِي فِعْلَ الأَمْرِ (اذْهَبْ) بَعْدَ إِسْنَادِهِ إِلَى الضَّمِيرِ الْمُنَاسِبِ:

Fill in the blanks with suitable forms of the verb اِذْهَبْ:

(١) يَا أَخَوَانِ، .... إِلَى الْمَسْجِدِ الآنَ.

(٢) يَا بِنْتَانِ، .... إِلَى مَكْتَبِ الْمُدِيرَةِ.

٥– أَمَامَ كُلِّ جُمْلَةٍ مِمَّا يَأْتِي فِعْلٌ مُضَارِعٌ مَرْفُوعٌ. أَكْمِلْ بِهِ الْجُمْلَةَ بَعْدَ تَغْيِيرِ مَا يَلْزَمُ:

Fill in the blank in each of the following sentences with the verb given in brackets after making necessary changes:

مَاذَا يُرِيدُ الطَّالِبَانِ الْجَدِيدَانِ؟

(١) يُرِيدَانِ .... إِلَى الْمَهْجَعِ. (يَذْهَبَانِ)

(٢) يُرِيدَانِ أَنْ .... كُرَةَ السَّلَّةِ. (يَلْعَبَانِ).

(٣) يُرِيدَانِ أَنْ .... القَهْوَةَ. (يَشْرَبَانِ).

(٤) يُرِيدَانِ أَنْ .... الأَخْبَارَ. (يَسْمَعَانِ).

(٥) يُرِيدَانِ أَنْ .... أَمَامَ الْمُدَرِّسِ. (يَجْلِسَانِ).

٦- أَكْمِلْ كُلَّ جُمْلَةٍ مِمَّا يَأْتِي بِضَمِيرٍ مُنَاسِبٍ:

Complete the following sentences by using appropriate pronouns:

(١) أَرَأَيْتَ الطَّالِبَيْنِ الْجَدِيدَيْنِ؟   نَعَمْ، رَأَيْتُـــ ....

(٢) أَقَرَأْتَ هَاتَيْنِ الْمَجَلَّتَيْنِ؟   نَعَمْ، قَرَأْتُـــ ....

(٣) قَالَ الْمُدَرِّسُ لِحَامِدٍ وَصَدِيقِهِ: رَأَيْتُـــ .... فِي الْمَسْجِدِ الْبَارِحَةَ.

(٤) قَالَتْ الْمُدِيرَةُ لِزَيْنَبَ وَمَرْيَمَ: أُرِيدُ أَنْ أَسْأَلَـــ .... عَنْ بَلَدٍ ....

٧- أَجِبْ عَنِ الْأَسْئِلَةِ الْآتِيَةِ:

Answer the following questions:

(١) مَتَى خَرَجَ أَحْمَدُ وَأَخُوهُ مِنَ الْفَصْلِ؟   خَرَجَا ....

(٢) مَتَى ذَهَبْتُمَا إِلَى مَكَّةَ؟   ....

(٣) مَاذَا شَرِبَتْ زَيْنَبُ وَسُعَادُ؟   ....

(٤) أَيْنَ يَدْرُسُ حَامِدٌ وَخَالِدٌ؟   ....

(٥) مَاذَا تَغْسِلُ آمِنَةُ وَأُمُّهَا؟   ....

٨- تَأَمَّلْ مَا يَأْتِي:

Examine the following:

الْمُضَارِعُ الْمَجْزُومُ	الْمُضَارِعُ الْمَنْصُوبُ	الْمُضَارِعُ الْمَرْفُوعُ
لَمْ يَذْهَبَا	لَنْ يَذْهَبَا	يَذْهَبَانِ
لَمْ يَذْهَبُوا	لَنْ يَذْهَبُوا	يَذْهَبُونَ
لَمْ تَذْهَبَا	لَنْ تَذْهَبَا	تَذْهَبَانِ
لَمْ تَذْهَبُوا	لَنْ تَذْهَبُوا	تَذْهَبُونَ
لَمْ تَذْهَبِي	لَنْ تَذْهَبِي	تَذْهَبِينَ

هَذِهِ هِيَ (الْأَفْعَالُ الْخَمْسَةُ).

إِعْرَابُ الأَفْعَالِ الْخَمْسَةِ:

تُرْفَعُ بِثُبُوتِ النُّونِ وَتُنْصَبُ وَتُجْزَمُ بِحَذْفِ النُّونِ.

These are the "five forms" of the verb.

The sign of their being *marfû'* is the presence of the final *nûn*, and the sign of their being *mansûb* and *majrûr* is the omission of the *nûn*.

POINTS TO REMEMBER

In this lesson, we learn the following:

1) The *isnâd* of the verb to the pronouns of the dual.

In the *mâdî*

Third person masculine	الرَّجُلانِ ذَهَبَا	الرَّجُلُ ذَهَبَ
Third person feminine	الطَّالِبَتانِ ذَهَبَتا	الطَّالِبَةُ ذَهَبَتْ
Second person masculine	أَنْتُما ذَهَبْتُما	أَنْتَ ذَهَبْتَ
Second person feminine	أَنْتُما ذَهَبْتُما	أَنْتِ ذَهَبْتِ

Note that in the second person the pronouns of the masculine and feminine are identical. The first person has no dual form. The plural form is used for the dual as well.

In the *mudâri' marfû'*

Third person masculine	الطَّالِبانِ يَذْهَبانِ	الطَّالِبُ يَذْهَبُ
Third person feminine	الطَّالِبَتانِ تَذْهَبانِ	الطَّالِبَةُ تَذْهَبُ

Second person masculine and feminine have the same form in the dual:

أَنْتُما تَذْهَبانِ	أَنْتَ تَذْهَبُ
أَنْتُما تَذْهَبانِ	أَنْتِ تَذْهَبِينَ

In the *mudâri' mansûb* and *majzûm:*

They have the same form both in the *mudâri' mansûb* as well as the *mudâri' majzûm*. In both moods, the *nûn* is omitted.:

mudâri' mansûb	*mudâri' majzûm*
يُرِيدُ الطَّالِبَانِ أَنْ يَذْهَبَا	الطَّالِبَانِ لَمْ يَذْهَبَا
تُرِيدُ الطَّالِبَتَانِ أَنْ تَذْهَبَا	الطَّالِبَتَانِ لَمْ تَذْهَبَا
أَتُرِيدَانِ أَنْ تَذْهَبَا يَا أَخَوَانِ؟	أَلَمْ تَذْهَبَا يَا أَخَوَانِ؟
أَتُرِيدَانِ أَنْ تَذْهَبَا يَا أُخْتَانِ؟	أَلَمْ تَذْهَبَا يَا أُخْتَانِ؟

We have already learnt that the ن in يَذْهَبُونَ، تَذْهَبُونَ and تَذْهَبِيْنَ is omitted in the *mudâri' mansûb* and the *mudâri' majzûm*. Now we must add يَذْهَبَانِ and تَذْهَبَانِ to this group. These five forms of *mudâri'* are called الأَفْعَالُ الْخَمْسَةُ (the five verb-forms). They retain their *nûn* in the *marfû'* mood and omit it in the *mansûb* and *majzûm* moods.

In the *amr*

The masculine and feminine pronouns have the same forms, e.g.:

اذْهَبَا يَا أَخَوَانِ   اذْهَبَا يَا أُخْتَانِ

The pronouns of the dual are as follows:

a) Pronuns of *raf':*

Third person mas. & fem.: هُمَا

Second person mas. & fem.: أَنْتُمَا

First person mas. & fem.: نَحْنُ

These are the separable pronouns. The inseparable pronouns which appear in the *mâdî* and the *mudâri'* are:

the *alif* as in: ذَهَبَا، ذَهَبَتَا، يَذْهَبَانِ، تَذْهَبَانِ

- *tumâ* as in: ذَهَبْتُمَا

101

b) Pronouns of *jarr:*

Third person mas. & fem.: ـــهُمَا as in أَبُوهُما

Second person mas. & fem.: ـــكُمَا as in أَبُوكُما

First person mas. & fem.: نَا as in أَبُونَا

c) Pronuns of *nasb:*

Third person mas. & fem.: ـــهُمَا as in رأَيْتُهُمَا

Second person mas. & fem.: ـــكُمَا as in رَأَيْتُكُمَا

First person mas. & fem.: نَا as in رَآنَا الْمُدِيرُ

2) مَا أَسْمَاؤُكُما؟ 'What are your names?'

Note that the plural أَسْمَاءٌ has been used here instead of the dual اِسْمَانِ. Things which are known to be only one are used in the plural while speaking of two.

Here are some more examples:

اغْسِلاَ وُجُوهَكُمَا 'Wash your faces.'

حَلَقَ الوَلَدَانِ رُءُوسَهُمَا 'The two boys shaved their heads.'

VOCABULARY

تَوْءَمَانِ	twins	صِغَرٌ	childhood
شَبَهٌ	similarity	حِصَّةٌ	period
خُطُوطٌ جَوِّيَّةٌ	airlines	كُتُبٌ مُقَرَّرَةٌ	prescribed text books
مَكْتَبُ خُطُوطٍ جَوِّيَّةٍ	airlines office	عِيَادَةٌ	visiting the sick
مَعْهَدٌ	institute	أُخْرَيَانِ	dual of أُخْرَى another
وَفَّقَكَ اللّٰهُ	May Allah grant you success		

الدَّرْسُ الحادِي عَشَرَ

LESSON 11

الْمُدَرِّسُ : أَيْنَ الطَّالِبَانِ الْجَدِيدَانِ؟

عَلِيٌّ : هُمَا فِي الْمَكْتَبَةِ. ذَهَبَا لِيَأْخُذَا الْكُتُبَ الْمُقَرَّرَةَ.

الْمُدَرِّسُ : مَتَى ذَهَبَا؟

عَلِيٌّ : ذَهَبَا فِي الْحِصَّةِ الثَّانِيَةِ ...... يَا أُسْتَاذُ، أُرِيدُ أَنْ أَشْتَرِيَ مُعْجَمًا عَرَبِيًّا. أُرِيدُ أَنْ تَدُلَّنِي عَلَى مُعْجَمٍ جَيِّدٍ.

الْمُدَرِّسُ : اشْتَرِ الْمُعْجَمَ الوَسِيطَ فَإِنَّهُ مُعْجَمٌ جَيِّدٌ.

أَحْمَدُ : الْيَوْمَ يَنْتَهِي الْجُزْءُ الثَّانِي. مَتَى نَبْدَأُ الْجُزْءَ الثَّالِثَ.

الْمُدَرِّسُ : فِي الأُسْبُوعِ الْقَادِمِ إِنْ شَاءَ اللهُ. نَقْرَأُ الْيَوْمَ الصَّفْحَتَيْنِ الأَخِيرَتَيْنِ مِنَ الْجُزْءِ الثَّانِي.

EXERCISES تَــمَارِينُ

Answer the following questions: ١– أَجِبْ عَنِ الأَسْئِلَةِ الآتِيَةِ:

(١) أَيْنَ ذَهَبَ الطَّالِبَانِ الْجَدِيدَانِ؟ وَلِمَهْ؟

(٢) مَاذَا يُرِيدُ عَلِيٌّ أَنْ يَشْتَرِيَ؟

(٣) مَتَى يَبْدَأُ الطُّلاَّبُ الْجُزْءَ الثَّالِثَ؟

٢– (عِنْدِي مُعْجَمٌ جَيِّدٌ). هُنَا (جَيِّدٌ) نَعْتٌ.

Notice the use of مَنْعُوتٌ and نَعْتٌ:

النَّعْتُ يَتْبَعُ الْمَنْعُوتَ فِي الأُمُورِ الآتِيَةِ:

(١) فِي الإِعْرَابِ، نَحْوُ: ١– هَذَا كِتَابٌ جَدِيدٌ.

٢– قَرَأْتُ كِتَاباً جَدِيداً

٣– هَذَا اسْمُ كِتَابٍ جَدِيدٍ.

(٢) فِي التَّذْكِيرِ وَالتَّأْنِيثِ، نَحْوُ: أَحْمَدُ لَــهُ ابْنٌ كَبِيرٌ، وَبِنْتٌ صَغِيرَةٌ.

(٣) فِي الإِفْرَادِ وَالتَّثْنِيَةِ وَالْجَمْعِ، نَحْوُ: لَنَا مُدِيرٌ صَالِحٌ، وَمُدَرِّسَانِ جَيِّدَانِ، وَزُمَلاَءُ مُجْتَهِدُونَ.

(٤) فِي التَّعْرِيفِ وَالتَّنْكِيرِ، نَحْوُ: ١– عِنْدِي سَيَّارَةٌ جَدِيدَةٌ.

٢– السَّيَّارَةُ الْجَدِيدَةُ غَالِيَةٌ.

٣– أَيْنَ مُحَمَّدٌ اليَابَانِيُّ.

٤– هَاتِ دَفْتَرَكَ الأَوَّلَ.

٣- عَيِّنْ النَّعْتَ وَالْمَنْعُوتَ فِي كُلِّ مِثَالٍ مِمَّا يَأْتِي:

Point out النَّعْتُ and الْمَنْعُوت in the following sentences:

(١) أُرِيدُ أَنْ أَشْرَبَ مَاءً بَارِدًا.

(٢) أَقْرَأُ الْقُرْآنَ الكَرِيمَ كُلَّ صَبَاحٍ.

(٣) أَسْكُنُ فِي بَيْتٍ جَمِيلٍ.

(٤) لاَ تَكْتُبَا بِالقَلَمِ الأَحْمَرِ.

(٥) فِي حَيِّنَا مَسْجِدٌ كَبِيرٌ. لَهُ مَنَارَتَانِ جَمِيلَتَانِ.

(٦) أَيْنَ الْمُدَرِّسُونَ الْجُدُدُ؟

(٧) حَفِظْتُ سُورَتَيْنِ طَوِيلَتَيْنِ.

(٨) هُمْ رِجَالٌ صَالِحُونَ.

(٩) أَيْنَ أَخُوكَ الصَّغِيرُ؟

(١٠) مَاذَا قَالَ لَكَ أَحْمَدُ البَاكِسْتَانِيُّ؟

٤- أَكْمِلْ كُلَّ جُمْلَةٍ مِمَّا يَأْتِي بِنَعْتٍ مُنَاسِبٍ، وَاضْبِطْهُ بِالشَّكْلِ:

Fill in the blank in each of the following sentences with a suitable نَعْت and vocalize it:

(١) أَكَلْتُ طَعَامًا ....وَشَرِبْتُ قَهْوَةً ....

(٢) أَيْنَ الطُّلاَّبُ ....؟

(٣) لِي أَخَوَانِ ....وَأُخْتَانِ ....

(٤) اِشْتَرَيْتُ قَلَمَيْنِ ....

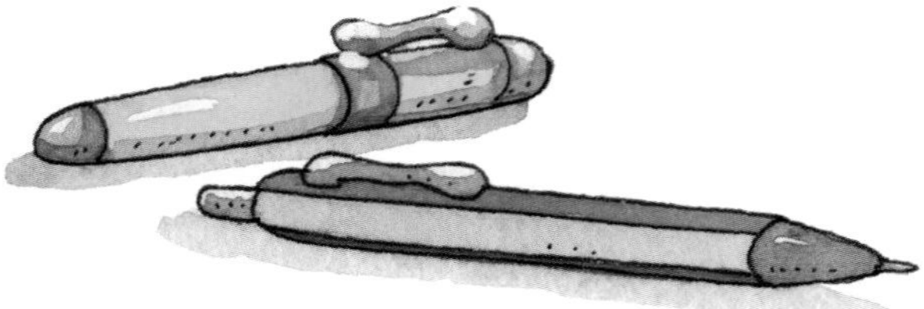

(٥) عِنْدِي سَاعَةٌ ....

(٦) فِي الْفَصْلِ مَكَاتِبُ ....

(٧) تِلْكَ السَّيَّارَةُ .... لِلْمُدَرِّسِ ....

(٨) أَسْكُنُ فِي الْمَهْجَعِ ....

(٩) أَيْنَ سَيَّارَتُكَ ....؟

(١٠) إِبْرَاهِيمُ ....طَالِبٌ ....

POINTS TO REMEMBER

In this lesson, we learn the adjective. In Arabic, the adjective is called *na't* (النَّعْتُ) and the noun it qualifies is called *man'ût* (الْمَنْعُوتُ).

The *na't* follows the *man'ût*, and agrees with it in the following four things:

a) being definite or indefinite, e.g.:

هَذَا كِتَابٌ جَدِيدٌ. الْكِتَابُ الْجَدِيدُ سَهْلٌ.

b) the case, e.g.:

marfû' : الْمُدَرِّسُ الْجَدِيدُ فِي الفَصْلِ (al-mudarris-**u** (a)l-jadîd-**u**)

manṣûb : سَأَلْتُ الْمُدَرِّسَ الْجَدِيدَ (al-mudarris-**a** (a)l-jadîd-**a**)

majrûr : أَخَذْتُ الكِتَابَ مِنَ الْمُدَرِّسِ الْجَدِيدِ (al-mudarris-**i** (a)l-jadîd-**i**)

c) the number, e.g.:

Singular: لِي أَخٌ كَبِيرٌ (akhun kabîrun)

Dual: بِلالٌ لَهُ أَخَوَانِ كَبِيرَانِ (akhaw-âni kabîr-âni)

Plural: حَامِدٌ لَهُ إِخْوَةٌ كِبَارٌ (ikhwatun kibârun)

d) the gender, e.g.:

Masculine: لِي أَخٌ كَبِيرٌ

Feminine: وَأُخْتٌ صَغِيرَةٌ

VOCABULARY

وَسِيطٌ	medium	دَلَّ يَدُلُّ	(a-u) to show, to advise
جَيِّدٌ	good	بَدَأَ يَبْدَأُ	(a-a) to begin
حَيٌّ	city district	انْتَهَى يَنْتَهِي	to end, to come to an end
		الْمُعْجَمُ الوَسِيطُ	name of an Arabic dictionary